Aimer

Dans la même collection

Range ta chambre !, Judith Leroy et Maryse Vaillant, 2005
Ne leur dites jamais..., Joseph et Caroline Messinger, 2005
Les enfants, on se sépare, Clairette Hammer, 2005
Bien à l'école, Sylvie Gerschel, 2005
Des enfants bien dans leur peau, Anne Floret, 2005
L'argent à tout prix !, Emmanuelle Daviet et Marc Levy-Davila, 2005
Les pères vont bien !, Catherine Sellenet, 2005
Les mots qui polluent, les mots qui guérissent, Joseph et Caroline Messinger, 2005
Savoir dire non, Marie Haddou, 2006 (nouvelle édition)
Égoïste toi-même, Linda Gandolfi, 2006
Cuisine et dépendances affectives, Judith Leroy et Maryse Vaillant, 2006
Dites-moi comment est votre maison, je vous dirai qui vous êtes, Bénédicte Régimont, 2007

Alain Héril
préface de **Jacques Salomé**

Aimer

Flammarion

Directrice d'ouvrage : Catherine Maillard

ISBN : 978-2-0820-1448-9
N° d'édition : L.01EPMNFT1448.N001
Dépôt légal : mars 2007
www.editions.flammarion.com

À Éric Ruel et Annie Leclerc (1940-2006)
pour « l'amour malgré tout ».
À mes filles, Anouk et Laura.

Sommaire

« Mon bras c'est ton collier et tes doigts sont mes bagues.

Tu es ma parure, je suis ton joyau.
Mes orteils de soleil marchent sur tes vagues
Tu es ma pâture jusqu'au fond du boyau. »

Claude Nougaro *(Armé d'amour)*

Préface

C'est un livre ambitieux, nourri de toute une expérience d'écoutant et d'aidant, que son auteur a longtemps porté en lui, engagé dans le changement et le développement de la personne.

Alain Héril veut nous transmettre l'essentiel d'une passion qui viserait à nous apprendre à mieux aimer. Dès le début, il nous avertit : « L'amour est un chemin dont on ne connaît pas la destination ». Aussi son thème **« décider d'aimer »** peut-il apparaître comme un paradoxe. Décider d'aimer sans savoir où cela va nous conduire, vers quelles aventures et remises en cause cela va-t-il nous entraîner ? L'amour, nous commençons à le savoir depuis quelques siècles, échappe à toute explication quant aux raisons, aux enjeux, aux finalités de son surgissement dans l'existence d'une femme ou d'un homme. Il est l'objet de beaucoup de rêves, d'anticipations, de projets et parfois d'engagement, mais comme nul ne sait la durée de vie d'un amour, il nous invite à beaucoup d'humilité et d'humanitude.

Cet ouvrage est une invitation à nous réconcilier avec l'amour, à faire la paix avec lui, à accepter de s'apaiser, de lâcher prise sur nos doutes et nos peurs. Il décrit l'immense parcours initiatique qui va de l'amour de soi à l'amour de la vie. C'est en effet une longue et lente initiation que vont parcourir, souvent malgré eux ou sans totalement le savoir, les candidats à l'amour.

Nous savons aussi que l'amour ne peut s'enseigner, il se découvre, s'explore, se vit et parfois s'agrandit ou se stérilise sans que nous ne comprenions ce qui s'est passé. Ce qui peut pousser certains d'entre nous à se présenter en victimes ou en exclus de l'amour.

À travers des témoignages, des analyses et des commentaires s'appuyant sur la mythologie grecque « berceau de nos inconscients », qui m'ont paru pleins d'enseignements, l'auteur nous confronte non seulement aux grands mythes de notre culture, mais il nous offre quelques clés pour en tirer un enseignement au quotidien.

En nous faisant découvrir également les six grandes blessures de l'amour (qui peuvent surgir à tout âge) : la perte, la jalousie, l'angoisse, la culpabilité, l'humiliation et la haine du lien, Alain Héril nous rappelle que l'amour de l'autre passe par un apprentissage à l'amour de soi. À partir d'un amour de bienveillance, de respect, de tolérance envers sa propre personne, ses possibles, envers son passé, son présent et son avenir, il propose à chacun de s'autoriser un droit à l'amour, qui ne serait pas exclusif, possessif ou tyrannique mais une qualité d'être. Un droit à l'amour qui ne déboucherait pas sur la croyance, fréquente, que l'amour est un dû, qu'il devrait nous combler, nous débarrasser de nos peurs, de nos manques, de nos insuffisances ou de nos besoins. Un amour qui, comme c'est parfois le cas aujourd'hui, ne déboucherait pas sur la violence envers l'autre, sur du terrorisme relationnel, sur des mises en maux qu'on appelle des maladies.

L'amour nous est présenté comme une expansion de nous-mêmes qui nous pousse à réexaminer notre passé et présent à l'aune d'une vision constructive et évolutive de nos potentialités. Une force qui nous oblige à sortir de la plainte et de la victimisation pour plus de responsabilité. L'amour comme une énergie non au mieux-être, mais à un « plus-être ».

En nous proposant de mieux entendre les différentes phases d'une maturation toujours en recherche, l'auteur nous invite à mieux resituer le développement du désir, de l'attachement et aussi d'un besoin important, celui de la nécessité de trouver la bonne distance entre présence et absence, entre proximité et éloignement, entre affirmation et confirmation.

Chacun des chapitres vise à favoriser l'élucidation possible de quelques-unes de nos interrogations les plus essentielles autour de l'amour, en nous permettant à la fois d'éclaircir et de baliser la part d'irrationnel qui caractérise l'amour donné et reçu dans nos engagements, nos fuites, nos errances ou nos enthousiasmes.

Nous verrons comment se fait le passage de la rencontre amoureuse à la relation de couple. Comment, au-delà des sentiments, va se faire la construction d'une relation capable de s'inscrire dans la durée, tout en découvrant parfois douloureusement que nul ne sait la durée de vie d'un amour ! Ce qui fait que toute relation de couple est une relation à risques !

Avec le livre d'Alain Héril, nous découvrons aussi que le bonheur est contagieux, si nous acceptons cette part de vulnérabilité qui nous autorisera (dans le sens de devenir auteur) à accepter de recevoir et de donner en toute liberté.

Dans les derniers chapitres, nous seront confrontés à quelques-uns des enjeux cachés de l'amour, comme par exemple le désir de sauver l'autre, de le changer, d'être son thérapeute. L'amour a des vertus thérapeutiques certaines, mais qui ne doivent pas occulter le fait que parfois, l'un ou l'autre des partenaires aura besoin d'un accompagnement, d'une aide extérieure et du surgissement d'une prise de conscience pour commencer un travail sur soi, afin de ne pas déposer sur l'autre, sur celui ou celle qui est proche, le reliquat de ses angoisses, les séquelles de ses blessures infantiles, les projections de ses manques ou la violence de ses frustrations.

J'espère que chacun, après avoir refermé ce livre, se sentira plus ouvert, plus disponible pour accueillir et donner de l'amour – cette « miraculeuse réponse » au plaisir d'être vivant, aimant et aimé – pour accomplir cette mystérieuse alchimie qui permet de réconcilier le féminin et le masculin qu'il y a en chacun, pour approcher au plus près cette part d'éternité qu'il y a dans chaque amour.

Jacques Salomé

Avant-propos

Le mot « amour » peut se décliner. Il possède en lui-même plusieurs sens et propose, rien qu'à son évocation, plusieurs pistes qui offrent toutes des découvertes considérables sur soi-même, le monde et les autres. L'amour d'un homme pour une femme, d'une femme pour un homme. L'amour d'un homme pour un homme, celui d'une femme pour une femme. Mais aussi l'amour d'un enfant, d'une terre, d'une cause, l'amour, toujours l'amour. Éternelle ressource ! Éternelle source ! Inspiration des poètes, des écrivains. Respiration pour chacune et chacun !

Nous construisons nos légendes. Celles-ci s'édifient au travers d'une histoire personnelle, mais aussi à partir de données culturelles collectives. L'amour est façonné par de nombreux mythes. Il n'échappe pas à la règle. L'amour est même peut-être le plus grand mythe de nos histoires. Dans ces mythes, il y a celui du « grand amour », mais aussi celui de la « fusion amoureuse » et de l'amour comme réparation de toutes les douleurs. Le message judéochrétien (qui nous façonne, ne l'oublions pas !) est marqué par cette notion de l'amour. Jésus-Christ en fut le porteur emblématique. Mais n'est-il pas obligatoire, si nous voulons dépasser nos souffrances et nos faiblesses, de désacraliser ces mythes en les regardant en face pour voir ce qu'ils disent vraiment de ce que nous sommes et de nos désirs les plus profonds ?

À l'évidence, nous sommes encore loin de l'établissement concret de l'amour universel. Alors, qu'est-ce qui « cloche » ? Qu'est-ce qui dysfonctionne ? Et sommes-nous vraiment libres d'aimer ? Tout revient à se poser des questions nouvelles sur notre rapport à la communication et sur la façon dont nous souhaitons vivre nos rapports à l'autre.

Carl Rogers, créateur de *l'approche centrée sur la personne*, a introduit l'idée que si nous vivons dans un environnement non menaçant, nous avons tendance à développer nos capacités d'épanouissement personnel et un amour inconditionnel pour l'autre. Suffit-il alors de modifier notre environnement ? Certains s'y sont essayés, sans grand succès ! Mais n'est-ce pas une autre vision de l'amour qui peut permettre un changement environnemental et nous donner la possibilité de ne plus nous sentir des « animaux menacés constamment » ? Cela signifierait peut-être que, comme le désirait Arthur Rimbaud, « l'amour est à réinventer » ?

Un vaste chantier s'ouvre à nous en ce début de troisième millénaire. Un chantier inévitable si nous ne voulons pas voir l'humain disparaître, tout au moins dans ce qu'il a de plus glorieux et de plus créatif. Respecter l'autre, se respecter soi, construire une attitude d'accueil, considérer positivement la présence de l'autre, aller vers l'essence de la personne et non s'occuper de ses réactions, de ses opinions (obligatoirement changeantes !), de ses actes… autant de pistes à explorer pour savoir comment mettre en œuvre une notion d'amour débarrassée de ses scories.

C'est un voyage au cœur des pays de l'amour que propose ce livre. Pour tenter de comprendre ce qu'aimer signifie, le mettre en acte et aller, au-delà des clichés, vers la saisie des rapports complexes qu'il entretient avec le désir, la jalousie, le besoin de reconnaissance ou de spiritualité...

Ce voyage est balisé de manière simple et précise.

— « Les mille visages de l'amour », là où l'amour prend couleurs, masques et attitudes. Pour observer ce que pourrait être l'amour et, aussi, ce qu'il n'est surtout pas !

— « L'amour de soi », car tout semble commencer par soi-même, par ce regard particulier qui va de soi à soi et détermine peut-être sa manière de comprendre le monde.

— « Aimer l'autre », car cet autre est celle ou celui que l'on choisit pour vivre une aventure, une expérience, des moments d'amour. Qu'est-ce donc ce qu'on appelle couple et qui devrait aider à concrétiser l'amour et sa victoire ?

— « Aimer les autres », parce que dans l'acceptation d'un univers fait d'autres que soi, il y a la promesse d'échanges, de rencontres, de partages.

— « Aimer la vie », pour saisir ce qui vibre dans l'aspect inconditionnel de l'amour et repérer si cela peut vibrer si facilement que cela !

Mieux se connaître soi et les autres, c'est déjà prendre la décision d'aimer ! C'est un pas primordial vers le changement !

I

Les mille visages de l'amour

« Ta tête se détourne : le nouvel amour !
Ta tête se retourne – le nouvel amour ! »

Arthur Rimbaud *(Les Illuminations)*

Amour ?

Qu'est-ce que l'amour ? Qu'est-ce qu'aimer ? Voici deux questions dérangeantes. Depuis que l'homme cherche à comprendre qui il est et comment il organise son rapport à lui-même, aux autres et au monde, la question de l'amour s'impose. Elle est au cœur même des interrogations qui sous-tendent les œuvres littéraires et philosophiques. D'Ovide à Marc Lévy, l'amour reste le pivot de la résolution de ce qu'est la condition humaine.

Comprendre l'amour, saisir son sens serait comme saisir l'essence de l'homme.

Pour certains, l'amour est évident ; pour d'autres, il est une énigme. Pour certains, on construit sa vie à partir de l'amour ; pour d'autres, c'est la recherche de l'amour qui en est la fondation. Aimer serait donc tout à la fois une évidence, un art, un mystère, la solution à toutes nos souffrances, l'alpha de l'Être, l'oméga de l'action... et ne parlons pas des différences entre les cultures, les civilisations, les croyances ! « Aimer » est le verbe le plus étrange de notre vocabulaire d'humain. Et visiblement, il en est l'un des plus puissants et des plus usités.

En ce début de XXIe siècle où les relations entre les hommes et les femmes sont bouleversées, où les notions de famille et de parentalité se reconjuguent, où les sensations sont à la fois d'être dans un monde qui s'ouvre et dans une recrudescence d'impressions de solitude, la question de l'amour se pose autrement. Face à ces changements rapides et « décontenançants », avons-nous des outils neufs pour saisir l'importance de l'amour dans notre société ? Car l'amour reste au centre des préoccupations et des désirs de nos contemporains.

Pourquoi aimer ?

Les chemins qu'emprunte l'amour sont divers et variés. Lorsqu'on sort des sentiers battus, on s'aperçoit combien l'amour a à voir avec un chemin dont on ne connaît pas la destination. L'amour se dit de lui-même au fur et à mesure qu'il s'invente. On ne le trouve pas, on le cherche et il ne se donne que lorsqu'il est saisi presque malgré soi. L'amour est, de toute évidence, une éternelle bonne surprise. C'est pour cela qu'il est important, car il nous dérange. Il n'est pas tout à fait confortable ni tout à fait conforme.

« Est-ce que tu m'aimes ? » dit l'un à l'autre. En admettant que la réponse est « oui », viendra tout de suite : « Pourquoi ? », et c'est à ce moment-là que tout se complique, car l'amour semble se dérober continuellement à une explication raisonnable et précise.

Si nous aimons, c'est aussi parce que cela fait tout simplement du bien. Parce que les situations d'amour créent des bienfaits réparateurs et régénérants. Mais surtout parce que l'amour crée un changement dans l'Être. La réponse au pourquoi pourrait être ainsi : « Je t'aime parce que j'apprécie le changement que cela installe en moi. »

Ainsi, celui qui aime modifie l'autre et cette modification est une élévation, un accroissement. Celui qui est aimé croît[1] en lui-même et au cœur du monde. On aime pour soi et en aimant l'autre, on l'aide à s'aimer et à grandir. Accepter d'aimer pour l'autre, c'est s'abandonner à l'amour. Mais pour qui s'abandonne-t-on ? Est-ce qu'en s'abandonnant on perd quelque chose de soi ? Quels bénéfices tire-t-on de tout cela ? Y perd-on son identité ?

L'amour et le feu

« Si votre maison brûle, qu'emportez-vous ?
– Le feu. »

(Extrait d'une interview de Jean Cocteau)

1. Inutile de dire que l'on peut entendre aussi : « croit en lui-même » !

L'amour est un sentiment intense. Il ne s'inscrit pas du côté de la tiédeur. Il incendie ou, à défaut, il brûle. Se consumer dans l'amour est la marque d'un amour fort, puissant. Le romantisme a fondé son édifice sur ces brûlures-là.

« Je brûle d'amour pour lui »

Rosine, 32 ans

« Je brûle d'amour pour lui », dit Rosine en parlant de son compagnon. Et le mot n'est pas trop fort, ajoute-t-elle ! J'ai vraiment la sensation physique d'une chaleur interne extrêmement puissante. Je ressens cela surtout lorsqu'il est loin de moi, et cela me provoque presque des sensations douloureuses. »

Ce besoin de « brûlure » s'inscrit en opposition avec le quotidien, l'habitude, l'ennui. Les histoires d'amour se confondent avec des histoires de passion. C'est pour cela qu'elles apparaissent comme passionnantes !

Le vécu de cette brûlure est une vérité intangible et immuable. Être brûlé par l'amour devient le besoin profond et la marque qu'on est en amour. Cette brûlure souvent dépossède et fait souffrir. Elle met hors de soi, mais elle permet aussi d'exister[1]. Les ravages de l'amour se manifestent alors dans une douleur psychique et aussi physique.

---

1. Du latin *existere* : « sortir ».

Est-ce qu'apprendre à aimer serait apprendre à souffrir ? Y aurait-il une différence entre l'amour et ce qui pousse à aimer ? Cette nécessité de l'amour – traduite par le déferlement hormonal dont nous parlent les neurosciences – est le résultat d'un effort psychique. L'amour est un besoin émotionnel impérieux. C'est un effort qui tend l'Être, le pousse vers quelque chose hors de lui-même. « Quelque chose » dans lequel il se reconnaît et se découvre tout à la fois. Dans ce mouvement, l'amour naît de l'effort qu'il fait pour aller vers lui-même. Il s'engendre. Il se propose à lui-même. C'est dans cet effort, dans cette tension, que la pulsion s'habille de mille vêtements hétéroclites.

Dans ces espaces situés entre le désir, le besoin d'amour et l'amour reconnu et vécu, chaque individu projette de multiples demandes, cherchant à confirmer sa propre appartenance aux lois du désir et de l'incarnation. À l'intérieur de cela, la sexualité joue un rôle majeur et prépondérant. Lorsque nos contemporains parlent d'amour, leurs yeux et leurs mains deviennent éloquents. Les regards partent « en arrière », les mains se caressent ou se crispent l'une sur l'autre. C'est tout un jeu corporel ancré dans le désir qui cherche à exprimer un besoin de profusion. Là encore, le feu couve. Il est présent, il cherche à briller de ses mille éclats. L'amour cherche son incandescence.

« Je voudrais faire l'amour à toutes les femmes »

Charles, 35 ans

« Je voudrais faire l'amour à toutes les femmes et j'en suis incapable. Je ne peux les satisfaire toutes ! Je veux être un étalon et pourtant je suis minable ! Je veux aimer et prouver mon amour hors du raison-

> **nable ! Je veux être un super prédateur sexuel. Je me permets de le dire parce que je ne le suis pas ! Je ne suis pas assez désirable ! »**

Dans les mots de Charles, on retrouve le besoin de conquête, de totalité et la nécessité de vérifier dans son élan vers l'autre (les autres, toutes les autres !) sa capacité à être désiré. Brûler et être brûlé ! Ce patient voulait l'Amour ! Toute sa psychothérapie fut organisée autour de cet axe : savoir ce qu'est l'amour, l'éprouver, le sentir, le palper, et à chaque fois il sortait meurtri de ses épreuves d'amour ! Désir trop grand et réalité trop étroite ! Quelque chose qui indéfiniment dit l'impossible et l'inatteignable !

Qu'en est-il alors du désir dans l'amour ? Qu'est-ce que le désir nous dit de l'amour ? Et amour et désir sont-ils inséparables ?

Amour et désir

« Quand une chose était à ma portée, je n'en voulais plus, ma joie était dans le désir. »

T. E. Lawrence *(Les Sept Piliers de la sagesse)*

Le mot « désir » vient du latin *desiderium* qui signifie littéralement « manquer d'un astre ». Il est aussi intéressant, me semble-t-il, de noter que le verbe « sidérer » a la même racine.

Le mythe d'Aristophane

Aristophane[1] raconte le mythe suivant : « Jadis, notre nature n'était pas ce qu'elle est à présent. Elle comportait trois espèces : le mâle, né du Soleil, composé d'un homme double, la femelle, née de la Terre, composée d'une femme double et l'androgyne, né de la Lune, composé d'un homme et d'une femme. Ces trois espèces dotées d'une forme ronde, de quatre bras, quatre jambes et d'une seule tête comprenant deux visages opposés pouvaient se mouvoir dans tous les sens et rouler sur elles-mêmes avec vélocité comme les saltimbanques qui tournent en cercle en lançant leurs membres en l'air. Puissants et vigoureux, ces fabuleux humains escaladèrent les cieux pour attaquer les Dieux. Ils furent punis de leur témérité. Zeus, après avoir réuni le conseil divin, les pourfendit en deux, leur tourna le visage du côté de la coupure afin que la vue du châtiment les rendit plus modestes et renforça avantageusement le culte en multipliant, par cette division, le nombre de ses ouailles. Depuis lors, les hommes connaissent le désir et cherchent à s'unir désespérément avec leur moitié pour combler leurs manques. »

Le manque fondamental

Que vient nous dire ce mythe ? D'une part, que le désir nous constitue mais, plus encore, que notre recherche du désir est une recherche de notre complétude. Comme une tentative (toujours infructueuse) de retrouver ce qui nous manque.

1. Platon, *Le Banquet*, Garnier-Flammarion, 1999.

Nous avons perdu notre unité, celle-là même qui nous laissait penser que nous étions l'équivalent des dieux. Cette unité coupée, défaite, brisée, marque nos destins. Nous sommes donc continuellement en manque. En manque de ce que nous n'avons plus. Ainsi, le désir court après un souvenir. Le désir dit : « Je me souviens », et ce souvenir nous n'en gardons aucune trace tangible et repérable. L'amour vient s'inscrire dans ce désir. Il semble parfois anéantir cette façon brutale qu'a le désir d'exiger de nous une recherche éperdue de l'autre. L'amour vient marquer l'accomplissement du désir. L'amour abreuve et épuise le désir.

Si le désir marque toujours le manque. Si nous sommes, en tant qu'humains, soumis à cette loi, nous pouvons vouloir une accalmie et décréter l'amour comme aboutissement du désir. Comme clôture. Faire de l'amour et du désir deux notions antinomiques et contradictoires. Le désir attise, alors que l'amour traduit des retrouvailles sécurisantes avec une autre personne. L'amour est comme un tuteur permettant au *moi* de tenir debout, alimenté d'affections et de sentiments.

L'amour rassure et protège, tandis que le désir excite. Les mythes, ces mémoires actives de nous-mêmes et de notre culture, le disent dans leurs multiples représentations. Le mythe d'Aristophane affirme que le désir est le manque d'un astre, c'est notre impossibilité à être divins.

Le mythe précise que le désir est le résultat de notre orgueil et de notre grandiloquence. Si nous étions restés humbles et respectueux de l'ordre établi, il n'y aurait pas eu de sentence divine. Certes, mais il n'y aurait pas eu de désir. Y aurait-il eu l'amour ?

Le désir est donc cette recherche de l'« astre perdu »[1]. Cet astre est comme une divinité sidérale et sidérante. Désirer, c'est vouloir être un astre. C'est échapper au désastre. Si l'amour a pour but et mission de tempérer cela, n'est-il pas trop confortable ? Ne nous empêche-t-il pas de pouvoir nous définir, nous rencontrer ?

Il s'agit bien d'une coupure dans l'édification du désir. Une coupure avec l'autre partie de nous-mêmes qui nous « oblige » au désir. Ce manque fondamental, ontologique, est-ce vraiment l'amour qui le comble ? Est-ce vraiment son rôle, son but, son assignation ?

L'union parfaite

> « L'amour me rassure »
>
> *Valérie, 40 ans*
>
> **« Depuis que j'ai découvert l'amour, je suis enfin tranquille ! Je n'ai plus peur ! Dès qu'une angoisse semble naître en moi, je pense à celui que j'aime et je me calme. Il est ma valériane, mon apaisement. L'amour me rassure. Et depuis le temps que je l'attendais, j'ai bien le droit de me reposer, enfin ! »**

Pour Valérie, l'amour est le repos, le calme de l'être. Il est aussi le signalement d'une réconciliation avec elle-même. Dans l'amour, plus de souffrance.

---

1. On pourrait même dire par association recherche de l'« autre perdu » !

Le mythe d'Aristophane[1] a une fin qu'il est bon de rappeler ici, la voici : « Zeus, magnanime fut pris de pitié en voyant les humains empêtrés dans ce désir. Il inventa l'amour et modifia les organes de l'homme et de la femme de manière à ce qu'ils puissent s'unir et enfanter "les uns dans les autres". » C'est pour cela que nous utilisons l'expression « faire l'amour » !

Le passage du désir à l'amour marque la fin d'une odyssée fatale, car l'humanité cesse de vivre à moitié et de dépérir ! Ainsi, le désir se commue en demande d'amour. Chacun cherche à reconnaître sa moitié et à être reconnu par elle. Chaque sujet, ainsi, prend conscience dans l'amour de son identité et constate qu'il n'est pas une totalité investie dans la toute-puissance. C'est le désir qui nous rend conquérant et c'est l'amour qui nous ramène à l'humilité.

Dans cette humilité de l'amour, les manques s'avouent et la demande faite à l'autre correspond à ce besoin d'être comblé totalement. Ainsi, on calfeutre le vide possible en soi, on oublie les tiraillements du désir. L'amour remédie à la division par l'union, au manque par la profusion. L'amour réalise donc l'union parfaite !

L'autre est venu combler mes manques.
Mon désir est éteint.
J'ai trouvé mon astre.

Ce rapport particulier entre désir et amour que je décris ici en m'appuyant sur nos mythologies correspond à la plupart des ressentis et des aspirations de nos contemporains occidentaux. Il a l'avantage de proposer une solution, un calme, un bien-être. Il

1. *Op. cit.*

correspond à ce besoin fusionnel présent dans chaque histoire d'amour, qu'on le veuille ou non.

Cette dichotomie entre désir et amour n'est pas très dynamique. Et si désir et amour s'interpellaient davantage, voire se confondaient ? Et si l'amour se soumettait aux lois en mouvements perpétuels du désir ? Et si le désir ouvrait ses bras pour accueillir l'amour et lui donner asile ?

La création de l'amour

Revenons à la mythologie grecque, ce berceau de nos inconscients, cette féconde source de la compréhension de ce que nous sommes. Et plus particulièrement à la création de l'amour.

Le mythe de Pôros et Pénia

Amour est le fils de Pôros, le dieu de la Ressource et de Pénia, la déesse de la Pauvreté. Il fut conçu le jour de la naissance de la déesse de la Beauté, Aphrodite. Elle est née de l'écume (*aphros*, en grec) provoquée par la chute du sperme d'Ouranos châtré par son fils Cronos et emporté par les vagues vers l'île de Cythère[1]. Cette naissance marine a été immortalisée par Botticelli.

1. Un « embarquement pour Cythère » signifie le début d'une aventure amoureuse.

Pour la naissance d'Aphrodite, les dieux organisent un festin. Ils se gavent, s'abreuvent de Nectar. Pénia, bonne mendiante, se présente et se tient près de la porte, entendant les chants, les rires, la joie entourant le sacre de la beauté d'Aphrodite. Pénia est rejetée, elle est à la porte du festin et elle tend la main pour récupérer quelques miettes, quelques faveurs. Pôros, qui participe aux agapes, sort du jardin de Zeus. Il est ivre, il titube et vient s'écrouler non loin de Pénia. Il s'endort. Pénia, le voyant, décide de « tirer profit » de la situation et le viole. Ainsi fut conçut l'amour.

L'union de la pauvreté et de l'abondance

Ce mythe nous suggère que l'amour est l'union de la pauvreté et de l'abondance. Et ceci aussi : que la pauvreté profite du sommeil de l'abondance.

Approchons plus encore... Pôros est le dieu de la Ressource, en ce sens, il ne manque de rien. Il se suffit à lui-même. C'est parce qu'il a bu et qu'il est inconscient que Pénia profite de lui. À ce moment-là, Pôros est en excès. Il est en trop-plein ! Il est en surabondance de lui-même et de Nectar qui, rappelons-le, est la boisson divine par excellence. Celle-ci est toujours associée à l'ambroisie, nourriture réservée aux dieux de l'Olympe, qui vient du grec *olympos* signifiant « immortalité ».

Nectar et Ambroisie sont servis par Hébé, dont le nom signifie la jeunesse et Ganymède, jeune et beau mortel enlevé par Zeus.

Pôros est ivre de jeunesse, de beauté et d'immortalité. Pôros est plein de l'Être au-delà de l'humain, au-delà du temps terrestre. Pôros s'écroule, ivre de ce à quoi tout homme aspire et que Pénia réclame et recherche. Il y a là un excès d'Être, quelque chose de grisant. Pôros a besoin de sortir de lui, d'exister[1] hors de lui,

---

1. Du latin *existere*, « sortir de ».

ailleurs. Pôros s'offre dans son sommeil. Il se donne parce qu'il est surinvesti de richesses et Pénia le prend par surprise.

L'amour est une surabondance qui se répand hors de l'Être. Il est une expansion. C'est parce qu'on est plein d'Être que l'on aime. C'est parce qu'on est au-delà de soi que l'on peut s'offrir à l'autre. Dans l'oubli, le sommeil et l'ivresse. L'amour naît d'un don, d'une « effraction », d'une rupture. Il est une surprise. Il est excessif. Mais sans Pénia, sans le manque, tout ceci ne peut se dire.

L'amour a besoin originellement de ce manque pour être conçu. Nous voici à nouveau confrontés à ce dialogue particulier entre le désir et l'amour !

Quelque chose se réclame et quelque chose d'autre se donne en excès. Nous sommes, nous autres humains et mortels, plus proches de Pénia que de Pôros ! Nous sommes comme Pénia, nous espérons l'Amour à la porte des dieux. Nous attendons. L'autre est celui qui permet cette attente et qui laisse puiser en lui sa surabondance, à son insu, pour qu'il se réveille familier du désir, de l'amour, à cause, grâce et par le manque.

Les mouvements de l'amour, les efforts que nous faisons pour le faire exister s'inscrivent du côté de l'excessif, du non-quotidien. Ce qui crée des enjeux relationnels profonds et exigeants. Et lorsque la rencontre entre soi et l'amour ne s'attise plus, lorsque le feu est consumé ou qu'il va l'être, les blessures se dessinent et les souffrances prennent le psychisme d'assaut.

L'apprentissage de l'amour

On pourrait penser que si nous sommes programmés pour aimer, cela devrait se faire tout seul et sans anicroches. Ou alors, qu'il faudrait pouvoir enseigner l'amour. Mais aimer ne s'enseigne pas. On peut en parler, conseiller, orienter, mais il n'y a pas de manuel universel de l'amour qui serait valable pour l'homme quel qu'il soit, d'où qu'il vienne et où qu'il aille. Nous traversons la vie avec l'idée d'une nécessité de l'amour. Tout, ou presque, nous parle d'amour. Où que nous portions nos pas et nos regards, nous sommes invités à aimer comme s'il allait de soi que nous savons de quoi il est question. Comme si le « gène de l'amour » nous avait été donné en transmission légitime.

Les expériences de l'amour suffisent-elles à comprendre l'amour ? Rien n'est moins sûr ! Pour certaines et certains, les mêmes douleurs se réitèrent parfois, d'amour en amour. L'expérience ne permet pas toujours une compréhension suffisamment active.

> **« Je voudrais aimer, mais à chaque fois je ne rencontre que de la souffrance ! »**
>
> *Maïté, 57 ans*

> **« Je dis souvent "Je t'aime", mais je crois que je n'ai jamais adhéré à ce que je disais ! »**
>
> *Jean-Bernard, 48 ans*

L'amour ne s'enseigne pas ! Enseigner signifie proposer des modèles fiables, déterminer des comportements immuables, asseoir des théories solides et puissantes. On peut toujours tenter de le faire ; la réalité vient contredire sans cesse l'enseignement. En ce qui concerne l'amour, il semblerait que même l'erreur n'est pas « apprenante » ! Pour comprendre l'amour, il est nécessaire de saisir ce qu'il n'est pas et de repérer ses déguisements et ses blessures.

Les déguisements de l'amour

> *« Aimer souffrir procure un plaisir d'une violence et d'une douceur si lancinantes, si abondantes, si jouissives parfois qu'il est difficile de s'en sevrer ! »*
>
> Jacques Salomé *(Tous les matins de l'amour...)*

L'amour se pare d'habits différents au cours des saisons de la vie. Nous avons tellement besoin de lui que nous sommes prêts à le voir même là où il n'est pas.

L'amour ainsi se déguise et jette une poudre aux yeux de celles et ceux qui croient le vivre. Il suffirait pourtant de s'écouter un peu plus ! De s'entendre et d'accéder à cette partie de nous-mêmes qui dit : « Ce n'est pas cela. Je le sais. Ce n'est pas cela. Ça y ressemble, mais ce n'est pas cela. »

Je vous propose d'examiner quelques-uns de ces déguisements de l'amour.

Le carnaval de Venise

Voici les masques superbes ! L'illusion parfaite de l'amour. Ici les couleurs sont étincelantes, les virées nocturnes éblouissantes, la vie palpitante… Et pourtant quelque chose manque. Un frisson essentiel est absent. On donne à son entourage toutes les marques de l'amour et lorsqu'on se retrouve à deux, quelque chose fait défaut. On ne saisit pas tout de suite quoi, et pourtant c'est là : un petit manque, pas grand-chose, mais primordial, inutile peut-être puisque tout semble bien aller. Peut-être est-on un peu trop dans la représentation de l'amour et non inscrits en son centre ? Peut-être aime-t-on trop l'amour et pas celui ou celle avec qui on « fait l'amour » ?

Dans ce jeu de masques particulier, on n'ose pas dire qui l'on est vraiment. On prend des poses, on fait semblant. On s'invente un personnage auquel on finit par adhérer complètement. Ce jeu peut durer toute une vie mais, toujours, une partie de soi reste consciente de la supercherie. L'apparat est superbe, les mots définitifs et remarquables, mais une sincérité de fond, nécessaire à l'amour, manque et laisse à certains moments du petit matin un goût délicatement amer dans la pensée.

Cette forme d'amour a un côté un peu snob, un peu désuet aussi. Tout cela consiste à faire croire aux autres que l'on s'aime. Là où nous entrons dans une dimension pathologique, c'est lorsque le couple lui-même adhère aux images et aux masques qu'il offre à l'extérieur. On entre alors dans la duperie et l'illusion totale.

« Il était amoureux lorsque nous étions avec des amis »

Priscille, 37 ans

« J'ai vécu douze ans avec un homme que j'ai connu très jeune. Ce qui me frappait le plus, c'était combien il était amoureux lorsque nous étions avec des amis et si peu lorsque nous étions seuls ! Il m'offrait toujours des fleurs avant une fête ou un repas avec d'autres. J'ai compris, plus tard, que c'était juste pour que je dise : "Ah ! Il est génial ! Il est rentré avec des fleurs tout à l'heure !" Lorsque nous partions en vacances avec mon frère et ma belle-sœur, il voulait faire l'amour tous les soirs alors qu'en temps normal il ne me regardait même pas ! Dès que j'ai compris son stratagème, j'ai cessé de l'aimer ! Du jour au lendemain ! J'avais besoin de trop de sincérité pour continuer à jouer un rôle social d'amoureuse transie ! »

Le retour au primitif

« J'ai découvert un appartement sale »

Amélie, 32 ans

« Pour moi, il y a un avant et un après 27 septembre 2004 ! Je m'explique : alors que j'étais dans une relation relativement satisfaisante avec Jean-Pierre, voici qu'il m'invite pour la première fois à dîner chez lui ! J'y vais, heureuse et détendue ! J'ai

découvert un appartement sale, un homme peu soucieux de lui-même et une nourriture faite exclusivement de conserves ! Je ne comprenais rien tant il ne ressemblait pas à l'homme que je côtoyais régulièrement au travail, au restaurant, au cinéma ou à l'hôtel !
Lorsque je lui ai fait part de ma surprise, il m'a répondu : “La phase de séduction est terminée ! Nous sommes un couple maintenant, alors, tu comprends, les efforts...”
Nous sommes séparés désormais, suite à cette soirée désastreuse, mais je n'ose penser à ce que nous serions devenus si, comme lui, j'avais accepté de me laisser aller ! »

De nombreuses personnes pensent que nous sommes des animaux et qu'une partie de nous, qualifiée d'ailleurs d'animale, se souvient de nos anciennes sauvageries. Adhérer à cette partie, c'est retrouver notre fureur primitive et c'est être au plus proche de ce que nous sommes vraiment.

Ce retour au primitif dans l'amour se traduit principalement par le relâchement. On se reconnaît l'un l'autre dans son besoin de refuser l'effort, et la recherche de l'intelligence. On s'aime dans le laxisme de l'autre qui nous permet de ne plus penser, de se laisser aller physiquement et moralement. On se cautionne mutuellement dans une primitivité de façade.

Le portrait peut paraître un peu haut en couleur et éloigné de la réalité. Détrompez-vous, ces comportements sont légion. Ce travestissement grossier de l'amour n'est pas, non plus, l'apanage d'une classe sociale particulière. Il s'agit plutôt d'une défaillance critique de la relation humaine mais vécue et acceptée à deux. Bien sûr, à partir de cela, les relations sadomasochistes peuvent apparaître, trouvant ici un terreau fertile et complaisant.

Les haillons et bâillons

Dans la logique de ce qui vient d'être dit, l'amour peut signifier la fin de la vigilance vis-à-vis de soi-même. On cesse de chercher à séduire, à conquérir l'autre. On est repu et la quête a trouvé sa fin. On s'habille alors au propre comme au figuré de haillons et la parole est bâillonnée pour laisser la place aux poncifs, à l'établissement d'un rapport au monde relâché, dénué d'intérêt et de volonté.

À la guerre comme à la guerre

L'amour ne va pas sans un minimum d'efforts et de participation. C'est l'une de ses vertus. Il nous maintient dans un état, agréable et fructueux, qui n'est jamais définitivement acquis, qu'il faut remettre en question le plus souvent possible. L'amour est une volonté.

Certaines et certains le comprennent, mais poussent un peu loin la nécessité de la remise en question. Tout devient prétexte à bagarres, à rixes amoureuses. Surtout sous le regard des autres ! Le couple amoureux devient un champ de bataille relationnel continuel. C'est de l'intensité même du combat que se détermine l'intensité de l'amour. Combien de couples viennent me voir à mon cabinet pour s'étriper devant moi, se lancer à la figure les pires insultes, le plus souvent à partir d'événements anodins de la vie quotidienne ou en utilisant les enfants comme déclencheurs des hostilités. Il ne s'agit pas de la « tendre guerre » dont parle Jacques Brel dans *La Chanson des vieux amants*, mais d'une confusion regrettable entre intensité des heurts et profondeur des sentiments.

L'amour a besoin d'ardeur. Il n'est pas parent proche du quotidien avec son lot de gestes répétitifs et parfois absurdes. L'amour cherche la flamboyance et parfois la rupture d'avec la simplicité et l'évidence. Il peut aussi se cacher dans les intentions domestiques, et faire la vaisselle peut ressembler à une déclaration d'amour.

L'amour est ici et là.
Présent et absent.
En devenir et en développement.

Beaucoup voudraient le ressentir dans sa plus haute amplitude du début jusqu'à la fin. Sans répit. Sans questionnements. Sans rythme. Alors ils installent ces déferlantes continuelles.

> **« Se chamailler était devenu notre seul mode relationnel »**
>
> *Mathilde, 31 ans*
>
> **« Je suis sorti éreintée de mes cinq années de vie commune avec Nicolas. Se chamailler était devenu notre seul mode relationnel. Même quand on avait des relations sexuelles, il fallait que ça hurle, que ça revendique. Et pourtant, je crois n'avoir jamais aimé un homme comme lui ! Mais je n'en pouvais plus ! Dès que la guéguerre se mettait en place, je n'avais qu'une seule envie : lui dire d'arrêter, aller me coucher et tout oublier ! »**

Ces façons d'aller chercher l'autre, de l'agacer afin qu'au travers des jérémiades, on puisse vivre quelque chose plutôt que rien, correspondent à une confusion entre amour et expression de la violence. Cela est douloureux et n'est en rien signe d'amour.

À quoi bon ?

La question de l'amour nous préoccupe toutes et tous. Nous sommes comme harcelés par ce besoin d'aller vers un sentiment aux multiples facettes, mais prometteur de joies et de contentements. Certaines histoires d'amour sont qualifiées de fortes et pourtant, on n'en peut plus, on baisse les bras : « À quoi bon ? Pour souffrir encore ! Non, merci ! »

Alors, on s'installe dans un éloge particulier de la paresse amoureuse. Plus de recherches, de déterminations. Le regard porté sur le monde devient fade. Le besoin d'amour est toujours là, mais il n'y a plus d'énergie pour le mobiliser. Les couples viennent consulter lorsqu'ils sont dans ce marasme relationnel. Souvent, ils sont affalés face à moi. Personne ne veut prendre la parole. À la question : « Pourquoi faites-vous cette démarche ? », ils répondent : « Pour sauver ce qui peut l'être encore ! » Mais, la séance d'après n'apporte guère de perspectives de solutions. Soit ils n'ont pensé à la séance que quelques minutes avant, soit ils voulaient annuler et n'ont pas osé le faire. Et pourtant, la rupture n'est pas évidente, puisque l'amour est toujours là. Mais l'habitude de l'autre est trop forte. On n'imagine même pas changer d'horizon, même si ce que l'on vit est peu enclin à l'enthousiasme.

Alors, que faire ? Attendre, espérer un miracle, un *deus ex machina* qui viendrait tout résoudre comme par enchantement. Les yeux sont embués, le cœur au ralenti, mais on continue quand même, par paresse, à guetter l'impossible. Que ce soit après des aventures amoureuses douloureuses ou durant une relation qui s'effrite, le constat est le même : la possibilité d'une solution est inconcevable.

Robinson et Vendredi

Dans le récit de Daniel Defoe publié en 1719[1], célèbre dans le monde entier, Robinson Crusoé est un naufragé apprenant à vivre seul sur une île déserte. L'arrivée de Vendredi, un indigène, viendra le perturber, mais aussi lui faire comprendre l'importance de l'autre dans sa vie.

Dans la relation amoureuse, on peut tout à fait ne voir l'autre que comme un agrément à sa solitude. Les mots de l'amour devenant un complément à l'insupportabilité de la vie solitaire.

Robinson Crusoé n'a pas choisi d'être seul. Il s'arrange avec sa condition du mieux qu'il le peut, tentant de reproduire une organisation humaine seul sur son île. Lorsque, comme lui, on s'est habitué à ces espaces de solitude, l'autre devient dérangeant même s'il aide à vivre. On continue à être seul, mais avec lui. On partage sa solitude, on travestit l'amour de guenilles et l'on réserve ses plus beaux habits pour ces instants de jouissances solitaires à l'intérieur desquels l'autre ne joue qu'un rôle secondaire et transitoire.

1. Daniel Defoe, *Robinson Crusoé*, Gallimard Jeunesse, 1998.

« Je me suis senti dérangé, profondément »

Jean-Hugues, 40 ans

« Lorsque j'ai rencontré Sabrina, j'avais dix années de célibat derrière moi. Je m'étais habitué à vivre seul, à organiser ma vie en fonction du rythme dont j'avais besoin. Elle est arrivée et je me suis senti dérangé, profondément. Bien sûr, nous nous aimions, mais je me suis vite aperçu que j'aimais beaucoup plus ma vie d'avant. J'ai tout fait pour aménager des espaces pour moi seul. Le prétexte était facile à trouver : il s'agissait de ne pas trop s'envahir, d'avoir chacun ses domaines, voire ses jardins secrets. Mais, au fond, ce que je désirais, c'était être farouchement seul et qu'elle ne vienne pas m'emmerder avec ses demandes, ses besoins, sa présence.
Très vite, tout cela est devenu insupportable et nous avons repoussé l'idée de vivre ensemble. Sabrina souffrait de la situation et je dois dire que moi aussi, mais pour moi, la situation idéale était la suivante : seul dans mon coin à regarder la télé et elle dans la pièce à côté. Ainsi, dès que j'avais envie de la voir, j'y allais ! Elle restait là, disponible, sans interférer en rien dans mes désirs et ma solitude. »

Pour Jean-Hugues, Sabrina est un Vendredi idéal ! Elle est à la fois ici et absente. Il peut rester sur son île sans regretter l'absence de l'autre, tout en jouissant de lui-même en toute plénitude !

Papa/maman

Lorsque l'enfant regarde ses parents, il a en face de lui un modèle relationnel. La façon dont le père et la mère se parlent ou ne se parlent pas, se déclarent leur amour… bref, tous les signes de l'amour ou du désamour sont enregistrés par l'enfant comme autant d'éléments lui permettant de se faire une idée de ce qu'est un couple. À partir de ces ressentis et de son interprétation de ces signaux, il aura tendance dans ses premières relations (comme une répétition à ce qu'il va vivre, plus tard) à chercher à reproduire ou à comprendre comment son père et sa mère se comportent.

Si la relation parentale est défectueuse et si l'enfant, de fait, en souffre, il peut chercher à « réparer » cette relation dans le couple qu'il mettra lui-même en place. Cette tentative de réparation lui permettant de garder symboliquement l'aspect rassurant du cocon familial dont le couple parental est la pierre de base. Bien sûr, ces mécanismes sont inconscients et ce n'est qu'à partir d'un travail de réflexion et de mise à distance par rapport à ses propres fonctionnements que l'on peut saisir l'ensemble de ces enjeux.

Mais, qu'advient-il lorsque ce travail n'est pas encore fait ? On reproduit, on cherche à réparer, on compense, on soigne, parfois on écorne le couple parental ou tout au moins sa représentation. Les psychothérapeutes et les sexologues connaissent bien ces couples très unis, mais très malheureux, qui ne comprennent pas pourquoi ils s'aiment et pourquoi, néanmoins, ils ne se désirent plus. Ils sont la plupart du temps dans un rapport mutuel à leurs images parentales respectives et en s'installant dans un rapport papa/maman, ils ne peuvent plus retrouver la dimension amant/amante.

D'ailleurs, ce système poussé à l'extrême donne en fin de vie ces couples qui finissent par s'appeler « papa » et « maman ». L'imprégnation des images référentielles du couple parental est forte. Nul n'y échappe. Non seulement il s'agit de modèles, mais plus encore, il s'agit du terreau de l'amour. Les parents aiment *a priori* leurs enfants et ceux-ci prennent cet amour pour naturel. Toute dérivation par rapport à cela, tout manque, toute dérogation, demande aux enfants des efforts d'adaptation considérables.

La façon dont nous sommes aimés dans notre enfance détermine en grande partie la manière dont nous allons demander à être aimés à l'âge dit « adulte ». Lorsqu'on devient parents soi-même, on reproduit ou on cherche à « faire différemment », mais dans tous les cas, les comportements parentaux enregistrés coordonnent et influencent les actes, les prises de décisions, les manières d'éduquer ses propres enfants.

Le « danger » pour l'amour intervient lorsque l'investissement dans le rôle parental prend le pas sur le reste. Le désir se délite, la sexualité prend des aspects plus que secondaires et le partage de vie devient un contrat parental à assumer à deux, le mieux possible. On se dit alors qu'il est préférable d'attendre, que les beaux jours seront pour plus tard, que l'on a cette mission à accomplir. Sans se rendre compte à quel point on règle de vieux comptes qui remontent aux premières années de sa vie.

Les couples « papa/maman » quittent alors l'amour et son incandescence pour glorifier d'autres fonctions relationnelles. C'est un mouvement qu'ils ne voient pas venir la plupart du temps, tant l'amour porté aux enfants peut être profond et fort. Mais les regards ne vont plus l'un vers l'autre, et les mains ne se touchent plus que pour s'aider mutuellement à porter un délicieux fardeau, et non pour la caresse ou la découverte cutanée de l'autre.

De manque à manque

> « Elle a tenu et moi j'ai rechuté »
>
> *Bernard, 60 ans*
>
> « J'ai rencontré Marcelle aux Alcooliques Anonymes. L'un comme l'autre, nous étions perdus. L'alcool occupait toutes nos pensées. Nous ne parlions que de cela, sans cesse. Être ensemble sur le même bateau nous a aidés à nous en sortir.
> Quand elle a fait une cure de désintoxication juste après la mienne, j'étais là pour elle comme elle avait été là pour moi. Je dois avouer qu'elle s'en est sortie mieux que moi. Elle a tenu et moi j'ai rechuté. Et notre amour, lui aussi, a chuté.
> À partir du moment où l'alcool ne nous réunissait plus, mais nous divisait, tout est devenu difficultés, conflits, reproches. Elle ne buvait plus et moi je continuais ! C'était insupportable ! Nous nous sommes rendu compte que notre lutte contre l'alcool nous réunissait et nous aidait à nous aimer. Dès que cette lutte est devenue disproportionnée, ce fut l'échec. L'erreur aurait été de continuer malgré tout. Nous avons arrêté. »

On le sait, le rapport à l'addiction crée des souffrances psychiques considérables. Être dépendant d'un produit, d'un comportement entraîne une vision du monde restrictive. Tout s'interprète en fonction de son besoin ou de ses situations de crises. Drogue, phobies, peurs... le chemin est jonché de difficultés et de risques. Alors pour sortir de ces ornières, on cherche un autre pareil à soi.

On se soutient mutuellement ou on se conforte dans sa pathologie, mais on est deux ! Deux face au monde ! Deux face à la rugosité de la réalité ! Deux pour affronter les épreuves !

Dans ce rapport de manque à manque, l'amour vient soit renforcer l'addiction et crée l'illusion d'une complicité et d'un partage, soit il aide à dépasser des situations de vie difficiles. L'amour devient une arme contre la dépendance. Même si cela aide, il s'agit, au bout du compte, d'un leurre. Ce leurre, on peut le retrouver dans certaines rencontres *via* les agences matrimoniales où celles et ceux qui s'y découvrent ne font que rencontrer le désœuvrement et le besoin d'utiliser l'autre comme rempart à sa solitude et à ses peurs.

De manque à manque.
De leurre à leurre.
D'illusion à illusion.

Ma sœur Anne

« Amour Amitié
Je ne sais pas si par dépit ou par pitié
Je franchirai cet océan
Qui va de l'ami à l'amant. »

Pierre Vassiliu

« Pourquoi pas lui ? »

Colette, 46 ans

« Bernard est un ami d'enfance. Nous nous sommes connus à l'école primaire et il a accompagné toutes les épreuves de ma vie. De plus, il fut le parrain de mon premier enfant. Suite au décès soudain de mon deuxième mari, il a été extrêmement présent. Il m'a soutenue, m'a soulagée dans les difficultés et c'est lui qui m'a aidée à terminer la construction de notre maison. Alors, un jour, je l'ai regardé différemment et je me suis dit : « Pourquoi pas lui ? » On en a parlé et on a décidé de vivre ensemble. Pour les enfants, ce fut « oui » tout de suite. Ils connaissaient Bernard, le voyaient souvent à la maison. Ils avaient rencontré ses différentes compagnes et comme nous arrivions à la quarantaine et que nous étions disponibles lui et moi... Sexuellement, ce fut catastrophique, alors que la relation restait douce et agréable dans le quotidien. Il était le beau-père parfait, mais un amant déplorable. Il n'y avait aucun désir véritable entre nous et, petit à petit, j'ai commencé à lui en vouloir d'être là, même si je savais que ce sentiment était tout à fait irrationnel. Je sentais qu'il faisait des efforts et très vite, tout est devenu étouffant.

Nous en avons parlé maintes et maintes fois et sommes arrivés à la conclusion que nous pouvions être frère et sœur, mais pas amante et amant. »

L'amitié peut parfois ressembler à l'amour. Elle en a les couleurs, le rythme, l'élégance. Comme l'amour, l'amitié prend les vêtements de la séduction pour enrober l'autre et créer une connivence entre les êtres. Lorsqu'une amitié entre un homme et une femme se prolonge dans le temps, la question de l'ambiguïté relationnelle revient souvent. « C'est mon ami, certes, mais n'y a-t-il pas autre chose ? » L'intimité partagée au cours d'une amitié fait parfois croire que le passage à l'amour peut s'inscrire de façon évidente, voire naturelle. Nombreux d'ailleurs sont les films qui parlent de ces longues amitiés déguisées en amour ou de ces longs amours déguisés en amitié.

Ce n'est qu'au moment du franchissement de la frontière d'un sentiment à l'autre que l'erreur se fait jour, détruisant parfois la profondeur et la sincérité des relations. Il y a dans l'amitié comme une fraternité particulière, et passer au registre de l'amour peut même être teinté d'« incestualité ». Bien sûr, la différence se situe dans le sexuel et dans le fait de passer à l'acte. Dès lors, la connaissance intime et sexuelle du corps de l'autre cantonne la relation dans une dimension où les demandes et les attentes changent. On se disait tout en tant qu'amis. On s'avoue les choses en tant qu'amants. C'est là que se situe la différence, dans ce glissement de la parole directe à l'aveu. Avouer à l'autre laisse entendre qu'il y a du secret, du caché, du dissimulé. La relation s'en trouve chargée de couleurs et d'enjeux différents.

« Anne, ma sœur Anne ne vois-tu rien venir ?

— Je ne vois qu'une amitié longue et féconde, mais l'amour et ses surprises n'ont pas d'existence à l'horizon de nos vies. »

Les virtualités

Pygmalion est un célèbre sculpteur de la mythologie grecque. Ancien roi de Chypre, il s'était voué au célibat par dégoût des prostituées sacrées. Il réalisa une statue dont il tomba amoureux. Ayant supplié Vénus, celle-ci décida d'animer la statue que Pygmalion épousa, lui donnant le nom de Galatéa. Ils eurent même un enfant, Paphos qui fonda la ville du même nom.

Avec l'histoire de Pygmalion, tout est dit quant à l'amour virtuel qui, depuis de nombreuses années, occupe les heures et les fantasmes de beaucoup de nos contemporains, hommes ou femmes. Lorsqu'on est devant son écran d'ordinateur et qu'on parle d'amour à quelqu'un dont on ne connaît ni le corps ni le visage, on l'invente. On le pare des attributs idéaux. On projette sur lui, sans le voir ou en n'ayant qu'une image parcellaire de lui, les vertus de l'excellence. Et de toute évidence, ce n'est pas de l'autre réel dont on jouit, mais de la force de ses projections personnelles.

Les relations amoureuses virtuelles peuvent être celles vécues au travers des échanges Internet mais aussi à distance, alors qu'on connaît son partenaire. Un déménagement, un déplacement professionnel, un long voyage peuvent entraîner les mêmes problématiques. Dans tous les cas, ce qui s'annule, c'est la notion d'ambivalence. En effet, ce qui est souvent difficile dans une relation dite normale, c'est d'accepter que l'autre ne soit pas toujours ainsi qu'on le souhaite. Il est à la fois conforme et différent de ses souhaits. Il est ambivalent.

La distance, en mettant de côté certaines ambiguïtés, permet de façonner l'autre, de le circonscrire à des images précises et agréables. On le réduit à des traits de caractère uniformes et bientôt, l'image rêvée remplace l'image réelle. Évidemment, effacer l'ambivalence de l'autre revient à effacer la sienne propre. La relation, l'autre et soi-même deviennent les éléments d'une virtualité parfaite permettant d'annuler la partie la plus chatoyante, mais aussi la plus difficile du rapport émotionnel à l'autre : le corps ! Le corps est espéré, imaginé, fantasmé, mais il n'est jamais là concrètement. On se transforme ainsi, petit à petit, en un parfait Pygmalion.

« Je me défile toujours dès qu'on parle de rendez-vous »

Pierre-Étienne, 33 ans

« Depuis mon inscription sur Meetic, j'ai une vie fantasmatique dense. Je dialogue, j'échange avec de nombreuses femmes. Mais j'ai une telle peur de la confrontation avec mes partenaires de dialogue que je me défile toujours dès qu'on parle de rendez-vous ! Je reste à la lisière des relations et je m'y sens bien. En ce qui concerne la sexualité, eh bien je m'arrange comme je peux ! Je sais que beaucoup se rencontrent, sont déçus ou finissent par installer un véritable amour, mais moi je ne suis vraiment pas prêt ! »

L'amour en attente

« Comme si Ulysse se pouvait sans Pénélope. »

Annie Leclerc *(Hommes et femmes)*

Certaines attitudes ou certaines croyances amènent à confondre l'amour avec des formes qui, certes, s'en rapprochent, mais ne créent pas un lien vivace et régénérant. Je voudrais aborder ici la notion d'attente dans l'amour. Cette façon de se situer dans l'espoir de l'autre sans que celui-ci ne soit comblé suffisamment. Ce fonctionnement relationnel, je le nomme ici : le complexe de Pénélope.

Beaucoup de femmes sont atteintes du complexe de Pénélope. Elles pensent avoir trouvé leur moitié parfaite et sont prêtes à sacrifier beaucoup pour confirmer ce choix. Quitte à attendre, quitte à souffrir dans cette attente. Avec une foi inextinguible. Les difficultés interviennent lorsque le compagnon en question profite de cette foi pour s'épanouir en amour hors de la relation, dupant ainsi sa Pénélope. Ce qui peut entraîner des états relationnels difficiles avec une victimisation de la partenaire, cantonnée dans le rôle de celle qui attend, qui guette, qui espère et n'est jamais comblée. Ces Pénélopes sont la plupart du temps des « femmes au foyer » et même si – heureusement –, il s'agit d'une « espèce en voie de disparition », le phénomène reste suffisamment prégnant pour en parler ici.

Que nous raconte le mythe ? Ulysse est le héros du premier roman d'aventures de tous les temps. Son odyssée racontant son retour vers son royaume d'Ithaque est restée célèbre au-delà des siècles sous la plume brillante d'Homère. Avant ce retour, il fut l'un des artisans de la victoire de Troie par les Grecs grâce à l'invention du fameux cheval amenant la perte des Troyens. Avant la guerre de Troie, à laquelle il essaya d'ailleurs d'échapper, Ulysse s'est marié à Pénélope. Celle-ci l'a attendu patiemment pendant vingt longues années. Durant ce temps, Pénélope était courtisée par les prétendants, groupe de petits chefs qui, à l'annonce de la mort d'Ulysse, sommèrent Pénélope de choisir un nouvel époux parmi eux. Pour leur échapper, Pénélope utilisa une ruse : elle tissa le linceul de son beau-père, en annonçant qu'à la fin de ce tissage elle remplacerait Ulysse par un autre homme. Tandis que les prétendants festoyaient et abusaient des servantes, elle défaisait son tissage la nuit pour le recommencer le jour !

Lorsque Ulysse revint, c'est Euryclée, sa vieille nourrice, qui le reconnut d'abord. Ensuite, il dut décrire avec précision le lit conjugal pour que Pénélope aussi le reconnaisse ! Il tua, aidé de son fils

Télémaque, les prétendants les uns après les autres afin de redevenir celui qu'il était, c'est-à-dire le roi d'Ithaque et le mari chéri de Pénélope.

Il ne faut pas cependant croire que le retour d'Ulysse s'est fait uniquement dans le but de retrouver Pénélope. Ulysse a dû choisir entre le sexe et la raison. Avant de remettre les pieds à Ithaque, il a rencontré Calypso dont il est tombé éperdument amoureux. Calypso fut pour Ulysse la découverte de la profusion du sexuel, de sa force et de sa puissance torride. Le choix d'Ulysse en revenant vers Pénélope, vieille femme de 40 ans (!), est un choix de raison et non de cœur. Il se retira dans ses terres après les batailles. C'est le repos du guerrier. Un repos mérité et longuement souhaité.

Ainsi, l'homme guerroie et la femme attend. L'homme va de conquêtes en conquêtes, glorieux et superbe. La femme coud, reprise et muselle ses désirs (les prétendants qui finalement vont faire l'amour avec d'autres !) dans l'espoir du retour de son chevalier unique. Et pourquoi cela ? Parce qu'elle croit plus que tout à l'absolue fidélité de son époux ! Parce qu'elle pense être la seule à pouvoir être aimée de lui ! Parce qu'elle dénie la possibilité de la victoire du principe de plaisir sur le principe de réalité ! Pénélope tisse et défait son tissage tandis qu'Ulysse est dans les bras de Calypso ou des sirènes ! Pénélope repousse les prétendants, mais Ulysse ne les tuera pas pour retrouver le lit conjugal. Ulysse est ailleurs, continuellement, et Pénélope se morfond. Elle se morfond, car elle est certaine que son Ulysse n'aime qu'elle. Elle est prête à tout lui pardonner et surtout à ne pas voir la vérité simple et nue.

Le mythe d'Ulysse et Pénélope se finit bien et les histoires d'amour faites de retrouvailles glorieuses plaisent toujours. Lorsque nous ramenons ce mythe à la réalité, il en va autrement.

Ulysse profite d'elle bien sûr mais, plus encore, il l'oblige à quitter son statut de femme et d'amante pour s'inscrire *ad vitam aeternam* dans un statut de mère symbolique. Celle qui console, qui reprise, qui soulage et s'occupe des enfants. Cette version du mythe est moins chatoyante, mais lorsqu'elle est vécue, elle laisse des traces indélébiles qui entraînent l'amertume et un sentiment désagréable de déréliction.

Le complexe de Pénélope marque l'attente de l'autre, l'attente de l'amour à venir. Alors, quand vient-il cet amour ? Et comment cesser d'attendre ?

L'amour est un élan

Au milieu de tous ces déguisements où l'amour n'est que la représentation de lui-même, nos contemporains font l'erreur de croire que l'amour est la réponse à tous leurs maux. C'est un leurre magistral. L'amour n'est pas une réponse. L'amour est un élan, une poussée comme la lave demandant à jaillir des tréfonds du volcan. Si l'on maintient l'amour à la seule notion de réponse, il devient un emplâtre et ne soigne en rien les profondes blessures intérieures que l'on voudrait calfeutrer.

L'amour a mille couleurs, mille visages. Il y a un chemin de l'amour, une détermination qui, si nous la comprenons, peut nous permettre de sortir de certaines ornières existentielles et relationnelles.

Les blessures de l'amour

« Pourquoi, si nous n'avions pas tant voulu aimer et être aimé, aurions-nous été si malheureux ? »

Annie Leclerc *(Hommes et femmes)*

Il y a six grandes blessures de l'amour. Dans ces blessures, la vision initiale de l'amour, bien souvent associée à un besoin fusionnel, est écornée. Cette vision, source de projections et d'attentes, constitue le terreau à partir duquel l'amour doit germer et grandir. Lorsque l'amour tel qu'on l'espérait se fane, les désillusions prennent la place des espérances et l'amertume s'installe avec son goût particulier dans la bouche de celui ou celle qui, telle Pénia, attendait tant de la rencontre suprême. Ces six blessures sont : la perte, la jalousie, l'angoisse, la culpabilité, l'humiliation et la haine du lien.

La perte

La perte est la première grande blessure de l'amour. Elle est liée à la douleur de la perte de l'être aimé. Dans cette perte, il y a aussi la perte de l'amour de l'autre et la perte de sa propre intégrité psychique et corporelle. On peut y trouver aussi la perte de l'image de soi comme un état de dévalorisation narcissique laissant entendre que sans l'autre on n'est plus rien.

Perdre l'autre, c'est perdre le lien qui unit à lui. Ce lien investi par l'amour, mais aussi par toutes les qualités qu'on a pu lui prêter : capacités à supporter les vicissitudes de la vie, réassurance, force et courage... Que l'autre soit parti pour vivre sous d'autres cieux, d'autres amours ou qu'il soit mort, la perte est de même nature : il n'est plus là !

La perte de l'autre n'est pas un manque. La perte de l'autre est une douleur qui confirme le manque. La douleur ressentie devient le seul filtre d'interprétation du monde. Tout se voit, se ressent, se vit au travers d'elle. L'endeuillé, comme un somnambule perpétuel, regarde le monde à partir de ce que l'on pourrait appeler une « position dépressive ». La question qui taraude est : « Où est-il ? », « Où est-elle ? » Dans le cas d'un décès, les plus effarantes suppositions s'échafaudent et il n'est pas rare d'avoir l'impression d'apercevoir l'autre à chaque coin de rue.

> ### « Je le voyais partout »
>
> *Suzie, 71 ans*
>
> « Lorsque Michel est mort, je le voyais partout. Chaque homme semblait avoir son visage. Et le pire, c'était les moments où quelqu'un de dos me semblait être lui. Je n'osais respirer. Et lorsque la personne se retournait, au ralenti, comme dans les films, mon cœur se serrait et j'étais presque soulagée de m'apercevoir qu'il s'agissait d'un inconnu. »

Bien sûr, dans l'amour, la notion de perte peut s'appliquer au rapport amoureux tel qu'il est communément admis tout comme à l'amour filial.

Dans la perte, la douleur psychique s'accompagne très souvent d'une douleur physique traduite par de nombreuses somatisations. Celles-ci viennent rappeler, par leur inscription corporelle même, la place vivace de l'autre à l'intérieur de soi. Maux de tête, douleurs articulaires, dermatoses, troubles cardio-vasculaires et digestifs accompagnent les étapes d'un deuil parfois long et pénible qui, même dans le cas d'une rupture sans décès, répond aux étapes du deuil telles que les décrit la regrettée Élisabeth Kübler-Ross[1] (déni, colère, marchandage, dépression, acceptation).

Ce n'est qu'au prix d'un véritable travail sur soi que l'intégrité peut se retrouver et que l'on peut être prêt à de nouveau rencontrer l'autre.

La jalousie

Elle est la deuxième grande blessure de l'amour. Il s'agit d'une blessure sourde et insidieuse. C'est une réaction à une supposée perte de l'amour de l'aimé. Cette supposition prend vite les traits de la paranoïa et, là encore, la blessure narcissique est profonde puisqu'un autre ou une autre est venu(e) se mettre à la place de soi. Dans la jalousie, on se pense remplacé. On est exclu du terreau d'amour et les seules graines capables de germer ont pour noms : amertume, colère, regrets, violence... Face aux déferlements des émotions liées à la jalousie, les réactions diffèrent, que l'on soit un homme ou une femme. Dans un cas, c'est l'espace relationnel qui s'écroule. Dans l'autre, c'est soi-même qui est avili.

La jalousie au masculin

Chez les hommes, la jalousie touche l'intégrité même de leur image. Ils ne sont plus à la hauteur et se mesurer au rival semble être la meilleure solution. Les hommes imaginent le concurrent, se comparant à lui, voulant – dans leurs rêves ou réellement – le

1. Élisabeth Kübler-Ross, *La Mort, dernière étape de la croissance*, Éditions du Rocher, 1985.

détruire, l'annuler. Ils sont souillés par la perte directe de l'autre. Cette situation est comme une résurgence de la situation œdipienne de base et du rapport conflictuel au père dans le « combat » pour l'amour exclusif de la mère. Ce qui est en jeu, c'est ce que je nommerais ici la « place phallique » ou plus prosaïquement : « Qui a le plus gros pénis ? Lui ou moi ? » Et l'horreur de la possibilité de la perte de l'autre est accompagnée d'une résurgence du complexe de castration !

On parle rarement de l'aspect masochiste de la jalousie masculine. L'homme qui se croit trompé s'adresse souvent des reproches. Reproches pour n'avoir pas su conserver sa place. Il se sent amoindri, mis au rebut et, tout cela, bien sûr, est de sa faute. Si seulement il avait su agir, réagir, dire ou comprendre à temps, tout cela ne serait jamais arrivé ! Cette autodépréciation crée un sentiment parfois voluptueux où l'homme qui se croit banni en arrive à aimer plus sa plainte que son prétendu bannissement. C'est comme s'il aimait être trompé et en demandait plus encore !

Comme la jalousie est un fantasme (si l'on est réellement trompé, on est dans la perte réelle ; si l'on est jaloux, on est dans la supposition), elle peut s'accompagner d'une joie masochiste à s'autoflageller, à se « mettre plus bas que terre », à redevenir ce petit garçon qui ne pourra jamais rivaliser avec la grosseur du sexe paternel, sous peine de se voir retirer le sien. Dans la jalousie masculine, la notion de territoire est importante. Lorsqu'on croit que l'autre nous appartient parce que nous l'aimons, il devient notre objet, notre chose. L'autre fait partie des trophées posés sur sa « cheminée psychique ». Il est partie intégrante du territoire, des conquêtes. Se sentir menacé par un intrus, c'est sentir comme une violation de son espace vital. On redevient alors un loup primitif avec l'idée qu'il s'agit d'un vol de sa propriété. D'où certaines attitudes irrationnelles – hormis la violence – pouvant mener les hommes à des comportements à la limite de l'état psychotique. Le film de Claude Chabrol *L'Enfer*[1] en est un remarquable exemple.

La jalousie au féminin

Les femmes restent fascinées par le lien à l'autre. « Comment cela se passe-t-il avec elle ? Que fais-tu avec elle ? Où vas-tu ? Fréquentes-tu les mêmes lieux qu'avec moi ? » Et surtout : « Que vous dites-vous que nous ne nous sommes pas dit ? » Elles souffrent de la prétendue perte du lien à l'autre et « jalousent » la relation. Leurs projections fantasmatiques se font sur ce qu'elles imaginent des liens tissés entre le compagnon et la remplaçante. Il ne s'agit pas d'une rivale au même sens que chez l'homme, mais bien de quelqu'un d'autre qu'elles permettant la relation. La nuance est importante, car c'est celle-ci qui peut amener certaines femmes à vouloir rencontrer la maîtresse de leur conjoint. Elles veulent savoir *ce qui se passe* et non pas avec qui cela se passe ! La remplaçante est un fantôme, une figure floue qui pourrait même être la face inversée de celle qui est en souffrance. Comme un négatif.

> ### « Je voudrais la rencontrer »
>
> *Suzanne, 42 ans*
>
> « Je sais qu'il me trompe, dit Suzanne. Je le sens. L'intuition féminine n'est pas un vain mot. Je voudrais la rencontrer et savoir ce qu'ils font ensemble, ce qu'ils se disent. J'irais même jusqu'à lui téléphoner pour savoir !

1. Lire aussi à ce sujet la pièce de Fernand Crommelynck, *Le Cocu magnifique*, Labor, 2005.

— Et s'il ne vous trompait pas ? S'il n'y avait personne ? Avez-vous songé à cela ?
Silence.
— C'est obligé, car avec moi il ne peut pas tout avoir ! »

Pour Suzanne qui se croit trahie, c'est d'un double dont il s'agit. Un double qui vient fantasmatiquement combler la relation, lui donner de l'ampleur. On retrouve, comme en germe, la notion de sphère parfaite du mythe d'Aristophane cité par Platon. Et aussi l'amertume de ne pas être celle qui anoblit parfaitement la relation. De ne pas être mère, amante, maîtresse, consolatrice, infirmière... tout à la fois !

Dans la jalousie féminine, contrairement aux idées reçues, il n'y a pas de résurgence œdipienne. Le compagnon n'est pas un artefact de l'image du père. La psychologie féminine est beaucoup plus subtile que cela ! Ce qui est en jeu est plus du côté de l'idéal de la relation. Un idéal vers lequel tendent farouchement et clandestinement les femmes, car elles n'avouent pas directement cet idéal. Elles le construisent en secret, patiemment, amoureusement et la jalousie est une brèche énorme dans cette construction. Mais après les tempêtes et les remous, elles savent reprendre le travail où elles l'ont laissé.

Dans l'amour, la femme est au service d'une relation à l'autre idéalisée, alors que l'homme cherche la confirmation qu'il est aimé (et aimable !).

La mère comme source

Pour tout être humain, au début de la vie, le premier objet d'amour est la mère. Cet amour de la mère envers soi et de soi envers elle constitue la matrice, le modèle des relations amoureuses à venir. Le garçon cherche à être aimé de sa maman, la fille cherche à lui ressembler afin de construire sa vie à partir de cette modélisation.

Dans la jalousie, l'amour est bafoué. Comme il s'agit du fantasme d'être remplacé par quelqu'un d'autre, on peut dire qu'une certaine paranoïa et un certain masochisme accompagnent ce mouvement particulier de la jalousie. Mais à chaque fois, inconsciemment, c'est l'image de la mère qui est écornée. « Maman ne m'aime plus ! » disent les hommes, « Quel est ce salaud qui veut prendre ma place ? » « Je ne suis plus aussi bien que Maman », disent les femmes, « Comment pourrais-je faire pour comprendre et m'adapter pour être de nouveau comme elle ? »

La jalousie est un récif dans la mer de l'amour. Elle empêche l'arrivée au port et crée des trous au cœur même du navire que nous sommes. Sombrer devient possible. Perdre sa cargaison, ses valeurs, ses ors et ses merveilles et les livrer aux fonds sous-marins pour l'éternité ! Voilà ce que fait redouter la blessure de la jalousie.

L'angoisse

L'angoisse est la troisième blessure de l'amour. C'est une plaie ouverte. Il s'agit d'une réaction à la menace d'une éventuelle perte de l'être aimé ou de son amour.

Les « angoissés de l'amour » peuvent parfois avoir le teint terne et les bras ballants. Dans l'angoisse, tout dit que l'amour va cesser. Tout est apprentissage de la perte à venir. L'amour vécu dans l'angoisse est souvent désespéré. Ce n'est pas la jalousie qui est en jeu, non, mais l'idée que, pour soi, l'amour est impossible. Aussi, lorsqu'on le rencontre, il ne peut qu'aller vers sa fin inéluctable ! Les angoissés de l'amour peinent à s'investir et de ce fait, voient souvent leurs relations amoureuses décliner, ce qui ne fait que les conforter dans l'idée de l'impossibilité de l'amour.

Il y a comme une fatalité, des signes du destin encombrant sans arrêt l'édification harmonieuse du rapport à l'autre. La sexualité s'en trouve appauvrie et souvent teintée de regrets et d'échecs catastrophiques. L'amour et l'angoisse ne peuvent cohabiter sereinement. L'angoisse vient handicaper l'amour de questions, de doutes, de tiraillements. L'angoisse, lorsqu'elle se mêle à la relation amoureuse, crée un climat constant de peur.

> « Ai-je peur d'aimer ? »
>
> *Paul, 37 ans*
>
> « J'ai le cœur toujours battant à l'envers. Les questions sur le bien-fondé de telles attitudes plutôt que d'autres affleurent fréquemment au bord de mes lèvres. Je ne sais quoi faire. Souvent je me sens paralysé. Ai-je peur d'aimer ? Dans mes nuits d'insomnie, je me dis qu'il vaudrait mieux que ma relation amoureuse cesse. Ce serait plus simple et moins douloureux. »

L'angoisse de l'amoureux est l'extrême de l'absolue certitude d'être aimé. C'est non seulement un doute, mais pis encore, c'est une torture qui ne cesse qu'avec le déclin de la relation.

La culpabilité

Jean-Jacques vient me voir pour un problème de dépression. Il ne se sent pas bien, a des vertiges fréquents et diffus et étouffe dès qu'il est dans un lieu public fermé (théâtre, restaurant, cinéma...). Il ne semble pourtant pas vraiment agoraphobe de manière permanente. Ses crises arrivent à des moments inattendus et sont facilement jugulées par la prise d'anxiolytiques. Jean-Jacques perd du poids de façon inquiétante et sa peur inconsciente est de disparaître. Peur qu'il traduit par ces mots : « Un jour... pfuitt... je me réveillerai et il n'y aura plus rien. Je n'existerai plus pour les autres. Seul moi, je saurai que je suis là... Mais les autres ne me verront plus... Je serai une ombre... Juste une ombre... » L'autre peur de Jean-Jacques est de sombrer dans la folie. Et pourtant, il arrive la plupart du temps à mener une existence normale. Il tient un salon de coiffure, est marié, a 32 ans, une femme et un enfant.

Il est à noter qu'il ne me parle de sa vie familiale qu'à la cinquième séance. Les autres séances ayant été consacrées à décrire ses symptômes, ses peurs, ses rêves. C'est à cette cinquième séance qu'il avoue sa culpabilité. Il se sent coupable de ne plus désirer son épouse que, pourtant, il aime par-dessus tout. Lorsque je lui demande depuis quand son désir sexuel est éteint, il m'avoue péniblement son attirance pour les hommes. Une attirance soudaine qu'il a du mal à contenir. Il n'est jamais passé à l'acte, mais il occupe beaucoup de son temps à regarder des sites gays, à lire des revues traitant de l'homosexualité masculine, à se masturber en pensant à des vedettes de cinéma masculines. Petit à petit, il a perdu son désir pour sa femme et il a augmenté sa culpabilité qu'il compense par des cadeaux, des sorties au restaurant, des voyages... Il s'oblige aux relations sexuelles avec elle mais, au fond de lui, un abîme de malheur s'est ouvert.

Où va Jean-Jacques dans cette course éperdue pour conserver l'amour ? Où va-t-il dans ce besoin, qu'il verbalise, de tenir le cap, de conserver en l'état « ce qui lui a permis de vivre » (ce sont ses mots). Son homosexualité révélée le déstabilise et l'empêche de s'inscrire dans la continuité de ce qu'il nomme : « mon aventure d'amour ». Il ne peut avouer à sa compagne son attirance. Attirance qu'il ne se donne pas le droit de vivre, sauf sous une forme fantasmée. Il est « coincé » et ses symptômes sont la marque de sa culpabilité. Le regard supposé accusateur des autres installe en lui un vertige, une perte identitaire qui lui laisse entendre, inconsciemment, qu'il serait mieux qu'il disparaisse !

La culpabilité en amour est un sentiment réactionnel. Il y a comme l'idée d'un châtiment lié à une faute réelle ou imaginaire que l'on a commise ou que l'on pourrait commettre. La notion de faute est concomitante à notre culture judéo-chrétienne. L'édification psychique se met en place autour de cette notion qui est très restrictive. Quelque part, au fond de l'être, l'idée est inscrite d'une faute originelle pour laquelle il faudrait payer. Dans l'amour, la faute peut être une relation extérieure au couple, mais aussi – et c'est ce que je rencontre le plus fréquemment – une idée de faute. Un désir fugace ou tenace qui semble remettre en question son engagement dans la relation. On cherche alors à cacher ce désir, à le museler et se met en place, dès lors, des efforts relationnels pour compenser son erreur ou sa « déviance ».

L'humiliation

L'humiliation est la cinquième blessure de l'amour. Dans celle-ci, celui qui aime n'est pas aimé. Il cherche obstinément le regard, l'attention, l'amour de l'autre, sans jamais le recevoir et en s'imaginant que cela pourrait, pourtant, un jour, peut-être, qui sait, arriver ! Comme un satellite, il subit l'attraction fatale de son besoin d'amour pour cette personne-là et pas une autre !

Ainsi, certains stratagèmes comportementaux consistent à se faire voir de l'autre. On se fait présent, on cherche à se rendre indispensable, on joue tous les rôles, on prévient les supposés désirs de l'autre. On peut même parfois être amené à les créer ! Tout cela dans un seul et unique but : enregistrer le maximum de signaux positifs d'amour. On aime dans le rejet et on ne veut pas être rejeté dans l'amour. C'est un cercle vicieux particulier où l'on se victimise pour pouvoir cesser d'être victime. « Je fais tout pour qu'il comprenne que je l'aime, même me nier moi-même et lorsqu'il le comprendra, il m'aimera », dit Marie-Yvonne au sujet de son patron qu'elle adule et vénère plus que tout.

Humilié dans l'amour, on engrange l'espoir (vain, bien sûr) qu'un jour où l'autre on sera reconnu et aimé. On marque des points, on s'inscrit dans des calculs compliqués et secrets.

Ce fut le début d'un merveilleux enfer !

Charles, 41 ans

« J'ai été amoureux fou d'une de mes enseignantes lorsque j'étais en fac. J'étais fasciné et pétrifié à la fois. Cette femme, plus âgée que moi, dégageait une telle puissance, une telle assurance, que je me suis dit qu'elle était la femme de ma vie. J'en étais certain ! Elle hantait mes rêves et un jour, je décidai de lui avouer mon amour. À ma grande surprise, elle a accepté d'emblée le rendez-vous que je lui proposai dans une lettre fébrile que j'osai lui remettre à la fin d'un cours. Et ce fut le début d'un merveilleux enfer ! Nous dînions ensemble, je lui faisais ses courses, je l'emmenais en vacances, je dépensais des fortunes pour lui faire des cadeaux. Toujours, elle acceptait cela avec grâce et sourire. Mais jamais il n'y eut de sexe entre nous. Juste quelques baisers, quelques caresses furtives. "Tu n'es pas prêt", disait-elle, et je la croyais volontiers.

Ce qu'elle aimait (et moi aussi, il faut bien l'avouer), c'étaient ces grands moments où je la prenais dans mes bras pour la consoler d'un échec, d'une erreur, d'une contrariété. Ce sont les seules fois où j'ai eu l'impression qu'elle s'abandonnait un peu à moi. Elle était comme une petite fille. Parfois, elle pleurait doucement, par petits hoquets qui me laissaient pantois d'amour. Chacun de ses regards, de ses gestes, de ses mots confirmaient mon choix. Elle devenait la perfection à mes yeux et être à ses côtés avait fini par me suffire.

J'écoutais les mêmes musiques qu'elle, j'aimais les films qu'elle aimait, ses auteurs préférés devenaient les miens.

Cela dura trois ans. Trois ans pendant lesquels je me suis nié. Bien sûr, j'ai tenté de "rompre", mais je cassais un lien inexistant. Aussi avait-elle beau jeu de me répondre, à chaque fois : "Si cela est mieux pour toi" !

L'idée du suicide se faisait de plus en plus présente, et c'est une amie étudiante qui a réussi à m'aider à m'en sortir.

Je dois avouer que, même encore maintenant, des années après, je repense souvent à ces trois ans et il m'arrive de me dire que j'ai certes été humilié, mais que j'ai côtoyé la beauté, l'intelligence et la grâce ! »

L'humiliation qu'accepte de subir Charles représente un déni parfait de lui-même. D'ailleurs, il l'avoue : il vit par et pour l'autre. Il vit aussi de ce que la présence de l'autre crée en lui. Il ne se donne rien à lui-même et consacre sa capacité à aimer à l'affirmation du caractère parfait de l'autre. Une perfection, pour lui, inatteignable, intouchable, imprenable.

Dans l'humiliation amoureuse, l'autre représente son propre idéal du moi. Ce que l'on voudrait être au zénith de sa réalisation personnelle, l'autre l'a réalisé. Être avec l'autre, c'est être avec l'image de sa réalisation. C'est une complétude. Le mythe d'Aristophane (on y revient, sans cesse !) réalisé, enfin ! Mais la construction psychique de l'humilié est lézardée, il ne cherche qu'à confirmer ces lézardes en rendant l'amour impossible. « Plus je cherche à atteindre l'autre, plus je dois me prouver qu'il est hors de ma portée, hors de ma sphère relationnelle normale », tel est son discours intérieur. Alors on souffre, on geint, on accuse le monde des pires méfaits et c'est de cette souffrance même que l'on tire son plaisir. Puisqu'elle est devenue la marque même de ce que nous sommes face au monde.

La haine du lien

« La haine de l'amour, c'est aussi la haine de tout ce qui fait dépendre d'autrui [...], c'est enfin la haine de la tendresse et de tout ce qui fait fondre le cœur. »

Paul-Claude Racamier

Voici la sixième blessure de l'amour et ce n'est pas la moindre !

Il est important de rappeler ici quelques chiffres : en France, une femme sur dix est victime de violence dans son couple et six femmes meurent par mois, tuées par leur conjoint. Les femmes sont plus atteintes que les hommes, puisque sur l'ensemble des agressions conjugales, 98 % sont subies par des femmes et 2 % par des hommes, y compris les couples homosexuels.

Le lien, au départ tissé d'amour, est perverti, car les hommes violents sont eux-mêmes des pervers. Pour des raisons, bien entendu, complexes et inhérentes aux histoires de chacun. Mais force est de constater que l'amour disparaît pour laisser place à un enfer relationnel. Selon Marie-France Hirigoyen[1], il y aurait une raison culturelle à cette perversion profonde du lien amoureux. Les hommes seraient, même encore actuellement, soumis à une éducation créant une « violence apprise », tandis que les femmes seraient liées à une « soumission apprise ». De fait, les relations s'en trouveraient entachées de présupposés partagés aussi par le corpus social. Ce qui amènerait d'une part à banaliser le problème et, d'autre part, à ne pas aider les coupables à comprendre le caractère morbide de leurs actes.

Au début, cela ressemble à la perfection de l'amour. Tout est beau, harmonieux. Les regards vont dans le même sens, les désirs concordent, les besoins s'expriment aux mêmes moments. Les amants sont dans l'illusion parfaite d'un monde fait de reconnaissance, d'éternité et de fluidité. À l'écoute des récits des uns et des autres, il revient souvent que la rencontre a été magique, « comme si on se connaissait depuis toujours ». Souvent, le mythe d'une vie antérieure vécue en commun est évoqué. L'idée d'un lien hors de la temporalité et de l'espace. Hors de l'humaine condition. Bien sûr, les tracas de la vie quotidienne viennent ternir quelque peu ce tableau idyllique, oh ! pas grand-chose ! juste quelques disputes, quelques accrocs. « Pas de ménage sans nuages », dit-on. Et puis, un jour, on s'invective plus qu'à l'accoutumée et la relation prend,

1. Marie-France Hirigoyen, *Femmes sous emprise, les ressorts de la violence dans le couple*, Oh ! Éditions, 2005.

soudain, une autre tournure. Les reproches s'installent de façon de plus en plus récurrente, la sexualité s'estompe ou disparaît, l'autre devient un ennemi farouche.

Comment en est-on arrivés là ? La réponse à cette question n'existe pas, en tout cas, pas de façon objective. Pour comprendre ce genre de choses, on s'évertue à remonter à l'origine de la relation. On y trouve, toujours, bonheur et partage. Que s'est-il passé ? Qu'est-ce qui fait que la haine remplace l'amour ? Parfois, après les tempêtes, un geste, un cadeau, un voyage vient tempérer l'atmosphère. On se dit que c'est reparti ! On se dit que cette haine était provisoire, juste un mauvais moment qu'il fallait vivre. On se persuade que l'amour est un chemin initiatique difficile fait de joies au début, de déroutes ensuite, pour accéder finalement à un bonheur durable. Hélas, très vite, de nouvelles turbulences revenant, l'enfer permanent installe ses griffes et ses couteaux. L'initiation devient un calvaire.

« Tu m'emmerdes ! »

Valérie, 40 ans

« Au début de notre relation, nous avions décidé de tout partager, surtout dans la perspective de la construction de notre maison. Les trois premières années, chaque effort allait dans le sens de cette vie commune parfaite. Nous avons terminé la maison après de nombreux sacrifices. Nous étions heureux. Une étape venait d'être franchie avec succès. Nous avons fait de cette maison un havre de paix où nous rêvions d'inviter des amis, de voir gambader nos enfants, de partager des discussions avec nos parents… Je me suis vite retrouvée enceinte et mon

compagnon commençait à bien gagner sa vie. J'ai arrêté mon travail pour me consacrer à mon intérieur et, surtout, à ma vie de mère. Deux autres enfants sont arrivés, des jumelles.

Je l'attendais chaque soir avec amour et impatience et lorsqu'il rentrait, c'était la fête, sourire, repas agréable, sexualité tonitruante, fleurs... Et puis tout s'est assombri sans que je comprenne pourquoi.

Il a commencé à rentrer tard, à boire, à me mépriser. Lorsque je lui disais mon désarroi, il me disait que c'était de sa faute, qu'il ne savait pas pourquoi il faisait cela et que ça ne se reproduirait plus. Deux ou trois jours d'accalmie, et puis tout recommençait. Jusqu'au jour où, excédé, aviné, il a levé la main sur moi, devant les enfants. Son regard était terrible ! "Tu m'emmerdes, a-t-il dit, je trime comme un malade et j'ai besoin de souffler avec les copains, tu ne peux pas avaler cela ? Et puis regarde-toi, tu as grossi, tu es moche, comment veux-tu que j'aie plaisir à rentrer à la maison ?"

J'avais l'impression d'être dans un mauvais roman. Mais néanmoins, j'ai fait des efforts. Régime, cours de gym, relooking... mais ça n'a rien changé.

L'horreur a commencé quand il a voulu changer notre sexualité. Il disait s'ennuyer, alors il a fallu faire selon ses désirs, ses fantasmes, tout le temps. Son jeu était de tenir le plus longtemps possible en érection. Trois heures, parfois quatre alors que la plupart du temps j'étais exténuée et sans envie. Moi, j'aime plutôt les préliminaires. Je suis ce qu'on peut appeler une "cent pour cent clitoridienne".

Il l'avait compris au début de notre histoire mais, là, plus rien. Des pénétrations douloureuses à n'en

> plus finir ! "Tu vois bien que je t'aime, disait-il, puisque je te baise comme un dieu !" Je me sentais niée, méprisée, avilie. La plupart du temps, il me traitait de tous les noms en me pénétrant. Je devais supporter la douleur, mais aussi les injures, et lorsque je lui en parlais, il me disait d'aller voir un psy parce que je n'étais pas normale ou alors frigide et il me menaçait d'aller voir ailleurs. Une vraie femme qui accepterait un vrai homme ! »

Dans ce que l'on peut appeler la haine du lien et dont souffre, à l'évidence, le compagnon de Valérie, une cassure s'est produite dans la relation. L'un des amants, et c'est souvent de l'homme qu'il s'agit, ne se reconnaît plus dans le lien d'amour tel qu'il se développe. Il n'est plus valorisé dans l'amour. L'image de lui-même que lui renvoie la relation n'est plus satisfaisante. Soit des déboires extérieurs le blessent et il se sert de la relation amoureuse pour évacuer son stress sous une forme violente. Soit, une fois la relation installée, il ressent le besoin de mobiliser toute sa violence et son mépris pour attaquer l'autre dans sa propre image. Il s'agit alors de blesser, d'humilier, de faire mal, de dénigrer. De chercher à annuler l'autre dans sa différence pour affirmer son pouvoir. Ou, tout au moins, pour ne pas avoir le sentiment de le perdre. Cette violence a pour valeur (une valeur illusoire et morbide) de tenter de réhabiliter son image blessée et ainsi de retrouver un minimum de consistance.

La haine permet ainsi de se sentir être.

Au-delà de la haine

Même si la formule « L'amour et la haine sont les deux fruits d'un même arbre » peut parfois sonner juste, l'amour reste un envers de la haine. Il s'agit même de son antidote et de son dépassement. Haïr mobilise plus de crispations qu'aimer et, au-delà de la haine, se situe la nécessaire découverte de soi. Savoir qui l'on est donne la possibilité d'apaiser en soi les conflits et de s'ouvrir à l'altérité. Pour cela, il reste à apprendre à s'aimer et à aller vers soi.

II

S'aimer soi

« L'amour est cette bienveillance élémentaire à partir de laquelle une solitude peut parler à une autre solitude. »

Christian Bobin *(Autoportrait au radiateur)*

La clé du bien-être intérieur est d'abord d'avoir une idée précise de qui l'on est. C'est en effet le premier pas pour s'accepter, s'apprécier et donc s'aimer. Faute d'amour envers soi-même, aucune harmonie intérieure n'est possible. L'amour de soi est en effet la base de la confiance en soi. Il nous permet d'accepter nos travers, nos défauts, nos défaillances et de surmonter nos échecs sans sombrer dans le désespoir. Il nous donne aussi des ailes pour entreprendre toutes nos actions et il nous équilibre.

L'amour de soi n'est pas un sentiment inné. Il se construit durant l'enfance et se nourrit essentiellement des paroles et de l'attitude de sa famille. Un enfant qui se sent aimé et encouragé par ses parents, y compris lorsqu'il fait des erreurs, aura davantage d'amour pour lui-même qu'un enfant délaissé et considéré comme une charge. L'amour de soi est donc en quelque sorte le reflet de l'amour que vos parents vous ont porté. Tout est-il donc joué passé l'adolescence ? Pas plus qu'il n'est inné, l'amour de soi n'est pas un sentiment acquis une fois pour toutes. Il est important, tout au long de sa vie, de le nourrir, de l'entretenir, de le développer si on ne veut pas finir complètement désabusé. Pour cela, il faut d'abord bien se connaître.

Il s'agit de prendre conscience de ses capacités, mais aussi de ses limites. Cela suppose de se poser les bonnes questions : qu'est-ce que j'aime et qu'est-ce que je n'aime pas ? Quels sont les domaines dans lesquels j'excelle et ceux pour lesquels je n'ai pas d'aptitude ? Quels sont les succès obtenus et les échecs rencontrés ? Quelles sont mes qualités et quels sont mes défauts ?

Narcisse

« Je ne m'aime pas ! » Combien de fois entend-on ces mots ? Ils indiquent un état d'être permanent, impossible à dépasser.

> **« Je ne m'aime pas, c'est tout ! »**
>
> *Didier, 27 ans*
>
> **« Cela vient de mon enfance. Ma mère n'a pas su m'aimer, mon père était absent, alors comment voulez-vous que je fasse ? Je ne m'aime pas, c'est tout. Je ne viens pas ici pour comprendre pourquoi, je le sais. Je fais une psychothérapie pour apprendre à vivre avec, en souffrant le moins possible ! »**

Accepter de ne pas s'aimer, c'est handicaper ses possibilités à aimer les autres. Cela, Didier le sait, comme les autres, mais il le vit comme une fatalité. Bien sûr, le travail psychothérapeutique est là pour l'aider à « inverser cette tendance » et à trouver les axes d'un rapport à soi plus en équilibre et en construction positive. Didier développe la croyance qu'il n'a pas le droit à l'amour de lui-même, puisque sa mère n'a pas su l'aimer. Même si Didier se base sur des événements *a priori* réels, il construit aussi sa représentation du monde à partir d'une interprétation. Cela, nous le faisons tous, car l'accès à une parfaite objectivité laisse entendre une possibilité de regard neutre sur les choses quand il s'agit de nous-mêmes. Et cela est difficile.

Ainsi, nous sommes ce que nous croyons être. Nous le sommes pour nous-mêmes et notre rapport aux autres et à l'amour s'en trouve influencé. Nos systèmes de croyance sont fondés sur nos expériences passées et nous développons l'idée d'une redite constante de notre histoire. L'amour de soi est, en grande partie, une capacité à réexaminer notre passé à l'aune d'une vision constructive et évolutive de nous-mêmes. Cela nous oblige à sortir de la plainte. Mais cela crée aussi les possibilités d'une véritable liberté. Cette liberté se construit dans une capacité à pouvoir vivre l'instant présent en connivence avec soi-même.

Mais qu'est-ce au juste que l'amour de soi ? S'aimer soi, c'est aimer être en présence de soi-même. Il n'y a pas de notion d'amour de soi sans une acceptation simple et tranquille de la solitude. Nous avons toutes et tous à voir avec Narcisse, ce héros mythologique. Il raconte que nous sommes dans le besoin de nous accepter et de trouver un juste milieu entre un « trop » amour de soi, risque de mégalomanie, et une trop importante dépréciation. Narcisse est l'exemple même d'une présence à soi ambiguë et troublante. Le prénom de Narcisse ayant donné le concept psychanalytique de narcissisme, on a coutume de voir en Narcisse un névrosé ivre de lui-même au point d'en oublier les autres. Que nous raconte exactement le mythe ?

Le mythe de Narcisse

Narcisse est le fils de la nymphe Liriopé et du fleuve Céphise. Les nymphes étant des divinités présentes dans toute la nature semblables aux elfes de la mythologie celte. Elles sont de belles femmes, graciles et jeunes, dont le nom a donné « nymphomanie », c'est dire la puissante évocation sexuelle qui se dégage d'elles lorsqu'on est en leur présence ! Narcisse était d'une beauté stupéfiante. Il attirait à lui aussi bien l'amour des garçons que des filles.

Écho, jeune nymphe, est la plus éprise de toutes. Mais Narcisse ne veut rien savoir. Il reste stoïque sous les appels d'Écho qui, il faut le dire, répète souvent la même chose trois ou quatre fois de suite ! Écho se lasse et se languit, et elle n'est pas la seule ! Un complot s'ourdit contre Narcisse. Quoi ! Il ne veut pas obéir à l'amour, beau comme il est ! Un groupe d'amoureux et d'amoureuses éconduits vient voir Aphrodite et demande qu'une punition tombe sur Narcisse. Celle-ci arrivera de la manière suivante : Narcisse passe devant un étang et se penche au-dessus pour boire. Il tombe en extase et en amour devant le visage qui lui apparaît alors et qui n'est autre que le sien ! Narcisse cherche à embrasser, à prendre cet autre dans ses bras. Mais chaque tentative est marquée par l'échec : l'image se brouille ou disparaît dès qu'il tente de la contempler de trop près !

Narcisse reste ainsi des jours et des nuits à tenter l'impossible capture ! Sa santé est en danger, sa vie aussi. Ses sœurs, les nymphes ainsi que les naïades et les dryades[1] ont pitié de lui et décident, pour lui épargner trop de souffrance, de le transformer en une fleur au parfum entêtant, le beau narcisse jaune ou blanc.

S'offrir aux autres dans la sensation

Que nous apprend ce mythe sur nous-mêmes ?

Narcisse est victime d'une punition, celle d'Aphrodite, et sa première « faute » est de ne pas avoir voulu être aimé. D'autre part, Narcisse ne tombe pas amoureux de lui-même, mais de son reflet, c'est-à-dire de son apparence. Ce qui visiblement avait séduit ses nombreux prétendants et prétendantes dont Écho. Il s'agit donc d'une confusion entre le réel et sa représentation. Le mythe nous apprend que le narcissisme se base sur cette confusion, que l'image des choses ne permet en rien d'accéder à elles et que c'est par un retour à la sensation (l'olfactif représenté par la fleur) que l'on revient apaisé au monde.

1. Esprits des sources, des arbres et des fleurs.

Toute cette histoire tourne autour de la « répétition du même ». Répétition pour Narcisse face à cette image de lui-même sans cesse révélée, sans cesse s'échappant. Répétition aussi pour Écho qui ne peut que redire continuellement les mêmes mots. L'un et l'autre sont dans le leurre. Narcisse a fui l'amour que les autres avaient de son image. C'est de cette image même dont il tombe amoureux. Il a introjecté les regards étrangers et se voit comme on le voit. Il n'a pas de regard propre. Il est les autres le regardant et ce qu'il aime, c'est le reflet offert, c'est l'apparence. Et il risque d'en mourir. Il s'accroche à un « appât rance » !

Ce que nous apprenons de cette histoire, c'est que s'aimer soi n'est pas s'abîmer dans la perpétuelle contemplation de soi-même ni dans la réitération continuelle des mêmes formules éculées. S'aimer soi, c'est s'offrir aux autres dans la sensation. C'est apprendre à se « sentir » bien avec soi-même pour que les autres s'aperçoivent aisément de votre présence et, ainsi, viennent à vous. Narcisse ne peut pas être aimé par les autres pour son image. Il peut s'aimer lui-même ainsi, mais l'autre n'a pas de place dans cette illusion. En revanche, et j'ai tendance à penser que la fleur représente une résolution positive du « problème » de Narcisse, lorsqu'on place sa relation à soi-même et au monde sous l'axe du ressenti, la construction personnelle devient plus mature et moins en surface.

Le narcissisme

Havelock Ellis, sexologue, fut le premier, à la fin du XIXe siècle, à avoir réfléchi sur le narcissisme. Il a associé le narcissisme à l'amour inconsidéré de soi, à la masturbation et à l'homosexualité, considérée à l'époque comme une maladie.

Ce n'est qu'en 1911 que Sigmund Freud, dans *Un souvenir d'enfance de Léonard de Vinci*[1], plaça le narcissisme comme une étape normale et nécessaire de l'évolution humaine. Nous ne pouvons qu'adhérer à cette idée.

L'amour de soi passe par le narcissisme. Être en bonne intelligence relationnelle avec soi-même nécessite un minimum de respect et de compréhension de soi-même. On ne peut le faire sans se pencher vers soi. Là où le narcissisme est constructif, c'est dans sa capacité à offrir, à partir de soi, une acceptation de l'autre. Dans la théorisation du stade du miroir, Jacques Lacan[2] pose l'idée que le narcissisme de l'enfant se constitue au moment de la captation par lui de sa propre image dans le miroir, image elle-même fondée sur celle de l'autre, en l'occurrence la mère. Il est à ce titre intéressant de noter que ce sont les nymphes dont est issue Liriopé, mère de Narcisse, qui le transforment en narcisse.

L'un de mes patients, Bernard, ne pouvait pas se regarder dans une glace. Contrairement à Narcisse, celui qu'il voyait en face de lui non seulement était laid, mais plus encore, lui faisait peur ! Bernard est l'anti-Narcisse. Il ne cessait de se fuir et, de fait, de fuir les autres. Sa vie personnelle et surtout sa vie amoureuse n'étaient qu'une longue suite d'échecs et de malentendus. Est-il bon de préciser que, d'un point de vue un tant soit peu objectif, et ceci en tenant compte des critères sociaux de jugement, Bernard n'était pas ce que l'on peut appeler un homme laid. Alors, où était le problème ? Très étrangement, la vie de cet homme a commencé à s'améliorer lorsqu'il a compris que ce ne sont pas les autres qui

1. Sigmund Freud, *Un souvenir d'enfance de Léonard de Vinci*, Gallimard, 1987.
2. Jacques Lacan, « Le stade du miroir comme formateur de la fonction du je » *in Écrits*, Le Seuil, 1966.

décident. En fait, Bernard ne se regardait pas avec ses propres yeux, mais avec le regard présupposé des autres. Un regard qu'il qualifiait, à coup sûr, de négatif et de dénigrant. Bernard a appris à se regarder vraiment, à décider par lui-même que telle ride, telle expression, tel sourcillement lui appartenait en propre et faisait son identité. Une identité capable de côtoyer l'identité des autres et non pas de disparaître dans le regard des autres.

C'est bien de cela dont il était question : son identité ne se construisait qu'à partir de l'identité d'autrui. Il était ce que les autres voulaient qu'il soit. Donc, il n'était rien et c'est ce rien qu'il voyait étaler devant lui dans le miroir. Lorsque Bernard comprend qu'il peut se regarder lui-même, il comprend aussi que ce qu'il offre aux autres, il l'impose avec douceur et que s'acceptant lui, il offre au monde la possibilité de l'intégrer au vaste jeu relationnel de la vie. Il commence, enfin, à s'aimer.

J'ai souvent été étonné de voir chez un certain nombre de mes patients à quel point ils se sentaient incapables d'accepter leurs bons sentiments. La plus petite allusion à une quelconque appréciation venant des autres entraînant en eux un état de panique. Et, chose contradictoire, les critiques s'avèrent être aussi impossibles à accepter. Comme s'il leur était nécessaire de demeurer dans un état où l'avis des autres ne devait pas être formulé.

En fait, après analyse, il y a chez eux une incroyable impossibilité à ressentir de la joie face à un moment heureux. C'est aussi le sentiment que ce bonheur-là, ils n'ont pas la possibilité de l'appréhender. Comme si les filtres d'analyses et de discernement n'étaient pas à leur disposition. Tout ceci entraînant des attitudes phobiques, des angoisses ou des états spasmophiles. Ce qui est brisé en eux, c'est une bonne représentation d'eux-mêmes. Leur monde intérieur est clivé entre des « mauvais objets » accessibles et des « bons objets » inabordables. Et de ce fait, l'amour leur est impossible. Les relations constructives avec les autres s'en trouvent handicapées et surtout la possibilité d'en tirer des bénéfices. Il y a comme un échec majeur de la construction narcissique précoce et une difficulté à accéder à l'envie de soi, préfiguration de l'envie des autres.

La fonction structurante du narcissisme est bien de créer cette envie de soi qui est une envie à être en vie. Un besoin reconnu à se situer dans un rapport en amitié et en connivence avec soi-même. Donc de recevoir de soi les gains de ses actions, de ses pensées. Et ceci dans une sensation positive simple et sereine.

Ces patients souffrent et ne peuvent, comme Bernard, initier un amour de soi aussi simple soit-il. Ils sont le « mauvais objet » jamais satisfait et jamais satisfaisant. Ils sont inscrits dans une mélancolie et perçoivent, comme le dit Yeats dans son *Ode à Nightingale*, « la plus pure intensité de l'amour comme une approche de la mort ».

De toute évidence, le désespoir est là, puissant.

Une protection contre le désespoir et l'angoisse

Osons une métaphore ! Imaginons que l'être humain est une maison et que le désespoir est un immense fagot posé au fond de la cave. Aller chercher ce fagot, assumer sa présence, y découvrir enchevêtrées araignées, brindilles et poussières est une chose, mais plus encore quand il s'agit de brûler ces morceaux de bois et de s'y réchauffer. Ce fagot est le désespoir et on s'y réchauffe un temps. Des cendres encore fumantes le phénix peut renaître. Il est la représentation de l'amour de soi, triomphant et puissant !

Le désespoir, c'est la dévalorisation de soi. « Comment le monde pourrait-il être agréable si moi-même je ne le suis pas avec moi ? » se demandait Éric. Le désespoir n'est pas la perte de l'espoir. Il s'agit de son effritement. Dans le désespoir, un animal insidieux est installé au cœur du psychisme et porte un regard toujours critique sur la moindre lueur, le moindre regain laissant entendre que la vie est possible. L'effritement oui et plus encore, un travail souterrain de sape. Ce qu'entraîne le désespoir dans l'organisation psychique consciente et inconsciente, c'est la sensation de buter. Buter contre un mur infranchissable et indestructible, ce qui dévalorise sans cesse l'appétit à être dans une multitude de relations constructives au monde.

Nous interprétons le monde à partir de nos filtres subjectifs. La subjectivité est le moteur principal de notre façon d'être au monde. Si nous sommes en désamour vis-à-vis de nous-mêmes, nous penserons automatiquement que le monde aussi ne nous aime pas.

« Mes angoisses m'ont permis d'avancer »

Gabrielle, 47 ans

« Ce que j'ai appris au cours de mon travail thérapeutique, c'est que mes angoisses m'ont permis d'avancer et de mieux me comprendre. J'étais dans la non-vie et dans l'absence de perspectives, ce qui créait en moi beaucoup de souffrances. Aujourd'hui, j'accepte de ne pas tout contrôler et d'aller vers les

autres au risque d'être déçue, mais aussi avec la chance d'être conquise et comblée. »

Le témoignage de Gabrielle pose les bases de ce rapport particulier au désespoir. Il est un levier vers autre chose et non une fin en soi, sous peine de s'enfermer dans un rapport à soi continuellement souffrant. Construire une estime de soi suffisante pour établir un amour de soi est la porte ouverte vers, non pas un mieux-être, mais un plus-être.

Le désespoir a un vieil ami qui s'appelle l'angoisse. Les deux sont très liés et dorment couramment dans le même lit. Tout comme le désespoir, l'angoisse ne nous permet pas d'accéder à une connaissance positive de nous-mêmes. Néanmoins – et c'est là un point important –, angoisse et désespoir nous renseignent sur des parties profondes de nous-mêmes qui appartiennent à notre ombre. La confrontation de soi-même avec son ombre est donc un moment important et révélateur. On pourrait même dire que cela fait partie de la connaissance de soi. Mais ce n'est qu'un passage qui doit permettre d'aboutir à autre chose. Le philosophe Sören Kierkegaard disait que « l'angoisse est le possible de la liberté »[1]. L'angoisse et le désespoir sont des possibles. Ils inaugurent le travail sur soi. Ils permettent de lever le voile sur l'amour de soi, qui jusque-là restait un concept inaccessible.

Le désespoir n'a de sens que s'il se traverse. On traverse le désespoir en reconnaissant en soi d'autres ressources que celles générées par le désespoir. En puisant en soi. En apprenant à valider ses possibilités positives par un constant effort d'optimisation.

---

1. Sören Kierkegaard, *Le Concept de l'angoisse*, collection « Idées », Gallimard, 1977.

L'amour de soi, qui passe par différents axes (appréciation, valorisation, reconnaissance...), permet de saisir en soi une énergie et un réseau de pulsations intégrant l'idée que l'Unique que nous sommes possède une propriété vaste et féconde. De fait, le regard porté sur l'extérieur se fait dans une volonté douce d'échanges et de partages. Je dirais même d'enrichissement mutuel. L'amour de soi dit : « J'ai à donner » et le fait d'avoir à donner institue une possibilité de recevoir.

Pour cela, le désespoir doit avoir un sens et n'être plus une fatalité contre laquelle rien ne se peut jamais. La rencontre vers soi est une aventure dont on doit sortir heureusement surpris de ce que l'on découvre. C'est à partir de cela que l'amour de soi se construit. À partir du moment où ce que l'on connaît de soi s'appelle désespoir et angoisse et ce que l'on découvre de soi, jour après jour, heure après heure, se nomme surprenantes possibilités. Ainsi est le chemin vers soi. Lorsque Narcisse contemple son image, il voit toujours la même chose et son désespoir, risquant de le mener à la folie, est lié à la reproduction constante et sans fin du même. On peut supposer que la transformation en narcisse possède plus de surprises que la contemplation près de l'étang. Ce qui reviendrait aussi à dire que le sens olfactif est plus surprenant que le visuel !

Le philosophe Alain pose cette question : « Comment expliquer qu'un pianiste, qui croit mourir d'angoisse en entrant sur la scène, soit immédiatement guéri dès qu'il joue ? »[1] Qu'est-ce qui fait que le pianiste quitte son angoisse dès qu'il commence à jouer ? Ce n'est pas qu'il l'oublie, non ; c'est plus précisément le fait de concentrer son énergie vers quelque chose de plus grand que lui, la musique, mais aussi de plus constructif pour son organisation personnelle. En fait, il hiérarchise ses émotions différemment et

1. Alain, *Propos sur le bonheur*, Gallimard, 1928.

selon un système qui lui permet d'être plus ouvert au monde et moins refermé sur lui-même. L'angoisse est traversée comme le désespoir doit l'être. En jouant, le pianiste défait la peur. Elle se dilue dans ses doigts. Et les doigts déliés ouvrent la poitrine et permettent le souffle. Le plaisir peut prendre toute sa place ! Le plaisir à jouer est une décision, alors que la peur est un conflit subi.

Il en est de même pour l'amour de soi. Il s'agit d'une détermination qui doit « s'originer » au plus profond de soi et aider à vivre. C'est une volonté et un défi imposé à soi-même. Cela n'est ni simple ni automatique. Mais cela est nécessaire pour quitter les ornières psychiques délétères. L'amour est tout l'inverse de l'oubli de soi. Il s'agit de sortir de soi pour mieux s'identifier et y retourner pour mieux y inviter les autres. On se conquiert, on ne s'oublie pas.

Le respect de soi et le respect de ses aspirations

Je n'ai pas encore utilisé le mot « respect », mais il va de soi que l'amour que l'on se porte constitue un respect profond de sa personne. Il ne s'agit pas d'une survalorisation de l'ego qui entraînerait des attitudes de domination ou de morgue vis-à-vis des autres, mais d'une prise en considération de ses potentialités et de ses atouts. Pour cela, la notion de respect de ses aspirations va de pair avec le respect de soi. L'amour de soi doit pouvoir proposer des perspectives. S'aimer soi, c'est aussi s'apprécier. Dans le verbe « apprécier », il y a l'idée de savoir évaluer et hiérarchiser ses priorités. Si je m'apprécie, je sais intrinsèquement ce qui est bon pour moi. Mais parfois, il est bon de s'aider un peu mieux à connaître ce à quoi on aspire. Au plus profond de soi, les réponses sont présentes. Ce qu'il faut, c'est pouvoir se donner les moyens d'aller puiser ces réponses afin de les rendre actives.

Les 33 choses essentielles

Je propose souvent à mes patients un exercice simple que j'ai intitulé : « Les 33 choses essentielles ». L'énoncé en lui-même est éloquent. Il s'agit de faire la liste des 33 « choses » essentielles à sa vie ; 33 « choses », 33 désirs, 33 moments sans lesquels la vie perdrait son sens et sa saveur. Pourquoi 33 me direz-vous ? Pour une raison simple : les 14 ou 15 premiers items sont faciles à trouver, ils vont de soi, bien souvent, et correspondent à peu près toujours aux mêmes besoins et aux mêmes thèmes : la famille, la nourriture, la sexualité, l'argent, la santé... En fait, ils s'articulent autour des besoins fondamentaux de sécurité nécessaires à tout être humain.

Après ces 14 ou 15 premiers items, viennent les besoins liés aux sensations, et c'est là que l'exercice prend tout son sens ! Il s'agit de se penser comme un être de sensations et, plus encore, de donner quelques priorités à cet univers, de valider le fait que la sensation est non seulement utile, mais plus encore, qu'elle participe à une meilleure connaissance de soi. L'exercice ne s'arrête pas là ! Les 33 items posés, il s'agit ensuite d'en vivre consciemment au moins trois par jour tous les jours !

Je voudrais citer ici en exemple un jeune homme de 25 ans rencontré au cours d'un stage en entreprise sur la gestion du stress. J'avais proposé cet exercice dans le cadre d'une meilleure connaissance de soi et il s'était prêté avec beaucoup de laisser-aller à cela. Au moment du partage avec le groupe, il avoua avec émotion avoir noté comme élément essentiel de sa vie le fait de pouvoir passer dix minutes par jour à regarder dormir sa fille. En s'octroyant ce « droit », en se faisant ce plaisir simple, il se donnait accès à un registre émotionnel jusque-là enfoui et mis de côté. Les larmes étaient au bord de ses yeux lorsque plusieurs jours après, au cours d'une autre session, il parla de sa « mise en acte ». « Je pleure, disait-il, en regardant ma fille. Je la trouve belle et puissante dans son sommeil. Elle est pleine d'une force qui m'aide à vivre et me fait croire plus en moi. »

Notre vie contemporaine est faite de nombreuses trépidations et sollicitations. Beaucoup n'ont pas le temps de s'approcher d'eux-mêmes et d'entendre leurs plus intimes besoins. Bien sûr, nous satisfaisons à ce qui demande à être réalisé immédiatement. Mais nous portons également en nous des demandes et des aspirations qui disent ce que nous sommes au plus près d'un centre de nous-mêmes qui est potentiellement porteur de sens et de potentialités.

Lorsque ce jeune homme note le fait de regarder sa fille dormir comme un souhait important, il n'est pas fondamentalement étonné ! Cela correspond à un besoin dont il peut avoir facilement conscience, mais réaliser ce besoin inscrit en lui une réalité émotionnelle transformatrice et émouvante. S'aimer soi, c'est aussi cela : se donner le droit à un rapport sensible à soi et au monde sans que cette sensibilité ne soit entachée de remise en question d'elle-même.

Concernant le même exercice, j'ai rencontré une femme qui avait noté en item 20 : « Marcher pieds nus dans l'herbe mouillée. » J'avais bien remarqué les sourires en coin de ses collègues. Cela semblait pour certains dérisoire, car inutile. En fait, le dérisoire venait du fait que ce n'est pas très productif de marcher pieds nus dans l'herbe mouillée ! Lorsque je lui demandais si elle avait réalisé cela, son rire mutin et complice suffit amplement comme réponse !

Tout individu est un conglomérat particulièrement complexe, mais nous avons aussi besoin de simplicité dans notre rapport aux sensations. Personne ne devrait pouvoir nous dire comment il est bon d'utiliser ses sens. La possibilité de vivre en accord avec sa sensorialité fait partie du respect de ses aspirations. Il s'agit de donner le droit à l'expression de nos sens de manière claire. Pour soi, rien que pour soi, afin d'alimenter sa relation à la simple merveille qui est de vérifier que l'on peut ressentir et vivre, ainsi, au plus près de soi. Notre société cherche à nous imposer une utilisation de cette sensorialité au travers de ses messages médiatiques. Prendre conscience de son espace sensoriel, c'est tout d'abord prendre conscience de ce qui nous appartient en propre, de ce qui n'est pas de l'ordre de la demande sociale. Lâcher la tentation de l'utilité et de la recherche de plus-values repérables et monnayables relationnellement. Accepter de faire des actions inutiles et pourtant solidaires de notre compréhension de nous-mêmes.

Que sont ces actions dites « inutiles » ? Nous avons parlé de « marcher pieds nus dans l'herbe mouillée » et l'inutilité dont je parle va dans ce sens-là. Lorsque nous revenons à nos cinq sens, nous nous apercevons que certains sont plus discriminés que d'autres. Telle personne sera plutôt visuelle que tactile ; pour telle autre, ce sera l'inverse. Revenir à ses cinq sens, c'est se donner la possibilité de les expérimenter tous. Le visuel, le tactile, l'auditif, le gustatif et bien sûr l'olfactif, tellement mis de côté par la société occidentale. Cela passe par des « petites choses ». Tout d'abord une attention, une focalisation sur les ressentis liés à chacun de ces sens. Et, surtout, par l'installation d'un certain ralentissement dans les gestes, dans les comportements. Nous sommes tellement habitués à aller vite !

La prise de conscience de la sensation d'un tissu dans la main, les richesses du goût d'une fraise, les odeurs multiples d'un parfum auquel on semble pourtant habitué, une musique pour laquelle on prend vraiment le temps de l'écoute, la vision d'un tableau posé sur un mur et devant lequel on est passé pendant des années et qui, soudain, révèle toute sa richesse... autant de pistes simples à explorer et à optimiser. Le temps joue un rôle important dans cette approche. On n'est plus fébrile mais juste là. Juste tranquille. Avec la sensation générale de céder.

Céder pour ressentir mieux.

Céder pour s'aider.

S'aider pour s'aimer.

L'île déserte

Une autre fois, j'ai demandé à un groupe, toujours dans le cadre d'un travail au sein d'une entreprise, de réfléchir au concept de l'île déserte. « Qu'emporteriez-vous sur une île déserte si vous n'aviez que dix choses à prendre avec vous ? » Certains pensèrent à des torches, des boussoles, des couteaux, des habits, des graines... et au milieu de ces objets usuels importants se glissaient une guitare, une photo, un livre, un poème, un collier, une statue... bref, de l'inutile sans lequel la vie avec soi-même n'aurait plus le même sens.

Nous ne sommes pas obligés de nous aimer. Cela ne s'apprend nulle part. On peut comme Narcisse, dans la deuxième partie du mythe, se glorifier et gloser longtemps sur son pouvoir et sa puissance égotiques. Mais lorsque, pour des raisons différentes pour chacun mais impérieuses toujours, on se penche sur soi comme une mère au-dessus d'un berceau, on apprend à regarder ce que l'on est avec juste l'amour nécessaire pour continuer à être avec un minimum d'harmonie intime. De ce regard profond, calme et doux posé sur soi peut naître un autre regard tourné vers les autres. Regard plus serein, n'en doutons pas. De ce regard peut naître une autre approche des autres vers soi. Approche plus féconde assurément.

S'aimer pour semer.

L'auto-empathie

L'empathie est un mot utilisé pour parler des relations humaines. C'est cette manière particulière d'entrer en communication avec l'autre et qui donne l'impression profonde d'un partage, d'une connivence, d'une appartenance réelle. Être en empathie, ce n'est pas aller vers l'autre, c'est être avec lui dans une communion qui n'a rien à voir avec la fusion. Chacun reste soi, mais l'espace du lien est immense et crée une sensation agréable dans la proximité de l'autre. Dans l'empathie existe aussi une notion importante : la capacité de percevoir le sentiment de l'autre. On ne saisit l'autre que lorsqu'on s'accorde avec lui. L'empathie est comme un accord de musique. Un accord à partir duquel peut se créer une harmonique. Ici, il s'agit de créer cette harmonie à partir de soi, seul.

L'auto-empathie participe du même mouvement. Semer, c'est construire avec les autres à partir de soi. Pour établir cette construction, il est important d'accepter certains rendez-vous avec soi-même et, surtout, d'y être pleinement présent. Projetez-vous dans quelques mois. Imaginez-vous tel que vous souhaitez être de façon précise, avec votre âge, des vêtements liés à la période imaginée, une attitude précise. Qui est cet autre qui est vous-même ? Celui que vous voyez, est-ce un inconnu ? Non, c'est vous, réalisant le projet de vous-même et l'affirmant par tous les pores de votre peau future. Ce « Moi-plus-tard » que vous voyez, vous pouvez l'être et les moyens à mettre en œuvre pour affirmer cette nouvelle personne sont en vous dès maintenant ! Trouvez ces ressources, faites-les vibrer, donnez-leur le droit d'exister et mettez en route la forge de votre devenir. Lorsque vous imaginez celui ou celle que vous serez, mettons dans six mois, quel regard portez-vous sur lui (ou elle) ? Un regard incrédule diront certains, un regard admiratif diront d'autres.

Ce que je vous propose, c'est de poser sur cette image un regard d'amour, afin de participer activement à la construction de cette visualisation. Indubitablement, vous établissez ainsi un acte d'auto-empathie positive. Il s'agit de cesser l'incessant ballet des reproches et des regrets pour s'inscrire vis-à-vis de soi-même au bord de ce qui est faisable et souhaitable. Il ne peut y avoir d'amour de soi sans cette auto-empathie.

Bien souvent, on cherche pour se rassurer – et cela est normal – à ressembler le plus possible aux autres pour créer justement l'appartenance. Mais on y perd vite sa singularité. La proposition collective aide le collectif, elle n'aide pas nécessairement le particulier. On commet l'erreur de croire que si ça se passe mal avec les autres, on en est le seul responsable. Dès lors, on cherche à changer, à modifier ses comportements, à s'adapter au mieux pour retrouver un minimum de contacts et d'affects. En fait, on répond à un diktat relationnel qui nous fait perdre toute identité réelle.

Avoir de l'empathie pour soi-même est une solution active, car elle inscrit une compréhension de soi-même. C'est le but d'ailleurs de la plupart des approches psychothérapeutiques : créer ce regard autre, ce déplacement vis-à-vis de soi autorisant une remise en question certes, mais à partir d'une vision juste puisque nouvelle. Une vision personnelle du monde peut ainsi s'établir. Elle n'est ni meilleure ni pire que celle de quelqu'un d'autre. Elle est mouvante peut-être, mais elle est simplement celle d'un sujet.

On peut être en empathie avec ses émotions, avec sa vie, avec ses idées... bref, avec tout ce qui fait que l'on est soi. Il ne s'agit pas d'autoséduction (sinon, nous redevenons Narcisse prisonnier de son reflet !). Il s'agit d'une approche douce de soi, sans effraction. Comme une porte fermée à laquelle on frappe et que l'on ouvre après qu'on nous ait dit d'entrer. Qu'y a-t-il derrière ? Soi-même indéfiniment, irréductiblement.

L'auto-empathie permet de construire la confiance en soi, autre pierre de touche nécessaire à la construction de l'amour de soi. Elle permet de construire sa confiance à partir de ce qu'il y a de singulier en soi. C'est le moyen indirect pour atteindre l'Humain, l'Universel.

Unique.

Universel.

Unis.

Le sentiment d'être aimé

« Je veux être entourée, enveloppée »

Amélie, 29 ans

Amélie est professeur des écoles. Elle est traumatisée par les sensations qu'elle ressent au contact de ses jeunes élèves de maternelle. Souvent, la violence prédomine et elle est obligée de se retenir pour ne pas avoir recours aux gifles et autres coups. Elle ne comprend pas pourquoi et est dépassée par les événements et son ressenti intérieur.
« La peur de ne pas être aimée, dit-elle, m'amène à trop demander. Je veux être entourée, enveloppée. Je n'ai pas été suffisamment prise dans les bras de quelqu'un. Oui, je demande trop ! L'autre se sent étouffé. Et je rejette ceux qui ne font pas ce que je veux. C'est pour cela que je ne supporte pas la désobéissance de mes élèves. Ils ont tout, eux ! Moi, je n'avais rien ! Ils devraient pouvoir se comporter comme je le désire !
Mais j'ai trop d'exigences personnelles. Ma mère m'a rejetée physiquement. Et ainsi, je rejette toujours les enfants de ma classe. Je fais comme elle ! Et pourtant, je voudrais être tout le contraire ! Je n'y comprends rien ! J'ai envie de materner, très envie et c'est trop lourd, trop difficile. »

Amélie est dans une demande d'amour forte. Et pourtant, ses actes font qu'elle reçoit l'inverse de ce dont elle a besoin ! Elle n'a pas su repérer de manière claire ce que veut dire le mot « besoin ». Elle est dans la confusion.

Qu'en est-il des besoins ? En 1970, le psychologue Abraham Maslow (1908-1970) avança l'idée que nos besoins peuvent se concevoir de manière pyramidale. Il mit en place sa désormais fameuse « pyramide des besoins »[1]. Cette pyramide contient cinq paliers : les besoins physiologiques, le besoin de sécurité, l'appartenance et l'amour, l'estime de soi et d'autrui et enfin, la réalisation personnelle. Pour lui, la satisfaction d'un besoin ne peut être réalisée si les besoins de niveaux inférieurs ne le sont pas. En clair, si nous avons le ventre vide, nous pouvons difficilement consacrer du temps à l'amour de soi. Comme disait Bertolt Brecht : « D'abord la bouffe, ensuite la morale »[2] !

Si l'on suit Maslow, l'amour se situerait à la troisième marche de la pyramide. Mais j'ai tendance à penser que l'amour fait partie des besoins physiologiques de l'être humain. Pourquoi ? Parce qu'il permet une dynamique particulière de l'être qui pousse à l'installation pérenne dans la pulsion de vie. Ce que crée l'amour dans l'être humain, c'est justement la poussée d'une pulsion apte à générer la recherche d'une plus grande sécurité. Dans l'amour de soi, palier à partir duquel se distingue à l'horizon la possibilité de l'amour de l'autre, il y a cela : la possibilité d'être en sécurité pour appréhender le monde sans peur. Et cela, nous pouvons le trouver dès notre arrivée dans cet univers. Dans le sentiment fécond d'être aimé.

---

1. Abraham Maslow, *L'Accomplissement de soi*, Eyrolles, 2003.

2. Bertolt Brecht, *Grand'peur et misère du Troisième Reich*, Arche Éditeur, 1999.

Pour Françoise Dolto, lorsqu'un enfant vient au monde, c'est qu'il a choisi de naître. Il y a comme une « poussée » vitale qui aboutit à l'incarnation. Cet effort de la vie pour s'épanouir dans un corps se doit d'être récompensé par un accueil à la hauteur de cette détermination. Cette qualité de l'accueil passe au travers de la mère et de l'ensemble de l'environnement par quatre axes principaux : la voix, le souffle, le toucher et le regard.

La voix

La voix vient dire qui on est, elle nous nomme, elle nous institue humain au cœur du langage articulé. Bien sûr, l'enfant ne parle pas encore, mais avant de participer activement lui-même à la conversation avec les autres, il est nommé dans le temps, l'espace et l'histoire. Parler à un enfant, c'est lui dire qui il est et c'est aussi lui dire qu'il est quelqu'un pour quelqu'un d'autre.

On sait qu'un enfant vivant dans ce monde depuis quelques minutes est capable de repérer et de réagir à la seule voix de sa mère. Voix qu'il a entendue au cours de sa gestation, voix qui l'a brassé, caressé, accompagné durant neuf mois. Voix qu'il retrouve au milieu d'autres voix agissant dans le même sens : lui raconter le monde à l'intérieur duquel il va prendre place.

Le souffle

Le souffle participe d'un plus grand partage d'intimité.

Il correspond à une proximité corporelle entre l'enfant et celle ou celui qui s'approche de lui. Il saisit ainsi le partage des respirations et ce mouvement particulièrement profond des correspondances. Inspirer/expulser l'air comme une métaphore de prendre et donner. Le souffle traduit également la vérité de l'état interne de chacun, et l'enfant apprend vite à saisir sa respiration comme la marque émotionnelle de ses sentiments les plus profonds.

Le toucher

Le toucher donne du corps. Lorsqu'un enfant est touché, la main de l'autre lui dessine les contours de son enveloppe corporelle. Il est érotisé par ce toucher et entre ainsi dans le monde étrange et multiforme des sensations. Mais il n'est pas touché que par la main de quelqu'un d'autre, il l'est aussi par des bouches, par le vent, par la chaleur du soleil, par la lumière... Et il touche comme il est touché. Sa participation tactile au monde se fait dans un désir de partage, d'échange et de compréhension. La main, mais aussi la peau, deviennent des vecteurs de compréhension de l'environnement et de soi-même.

Le regard

Le regard est la grande aventure de l'entrée en contact avec l'autre. Voir et se laisser voir constituent les premières bases de la communication, car le regard donne des preuves des assentiments, des refus, des peines et des bonheurs.

Pablo Picasso, dans ses nombreux portraits de mères et d'enfants, a particulièrement traduit ce rapport étroit d'échanges de regards et d'amour entre ce couple particulier. Lorsqu'une mère sourit à son enfant avec la bouche, le cœur et le regard, l'enfant répond avec les mêmes outils relationnels. Cela inscrit en lui une sensation pleine et entière non seulement de satisfaction, mais aussi de complète plénitude. Il cherchera à retrouver cette qualité avec sa mère comme avec les autres humains.

Une façon d'être au monde

Tout ceci crée une qualité dans la façon d'être au monde. Tout ceci construit l'amour. Bien sûr, d'autres fonctions viendront par la suite, comme le gustatif, mais dans cet archaïsme relationnel, le sentiment d'être aimé entraîne l'évidence à aimer, à participer à l'amour reçu.

Qu'Abraham Maslow me pardonne, mais il me semble que viennent se combler ici les besoins physiologiques et les besoins de sécurité. D'ailleurs, l'amour n'est-il pas, en quelque sorte, présent à chacun des étages de sa pyramide ?

Je sais, depuis le début de mon exercice de psychothérapeute, combien des dysfonctionnements dans ces relations primitives au monde peuvent laisser des séquelles psychologiques importantes. Ce qui s'en trouve atteint s'inscrit souvent dans l'impossibilité à accepter d'être aimé par autrui. Cet amour est remis en question, il devient sujet à caution et l'expression de l'amour de l'autre crée un doute, mais aussi un trouble en soi qui fait perdre une partie de la conscience de soi-même.

Les questions ou expressions du style : « Pourquoi m'aimes-tu ? », « Ai-je le droit d'être aimé ? », « Il me dit qu'il m'aime, mais je sais bien que ce n'est pas vrai ! » sont la conséquence d'une confiance en soi écornée dès cette période prélangagière. Souvent, l'adulte a à reconstruire un tissu de relations à lui-même qui vient réparer les blessures d'antan. Lorsque cette réparation se fait en surface, on en arrive souvent à vivre l'amour comme un leurre. Ce que j'ai déjà évoqué dans la première partie de ce livre.

Mais comment construit-on cet amour de soi ?

Construire l'amour de soi

« Quelque chose en moi ne veut pas de cet amour »

Jean, 44 ans

« Pendant de nombreuses années, je me suis demandé pourquoi je n'arrivais pas à être reconnu. J'avais un besoin fou d'amour, je le savais, mais cela débordait sur un besoin de reconnaissance. Quand j'écrivais un article et que je le savais bon, j'attendais néanmoins le commentaire de mes confrères. Dix pouvaient le trouver bien, voire génial, mais une seule personne émettait une critique et tout l'édifice s'écroulait. Consciemment, je voyais le processus comme détaché de moi et pourtant, à chaque fois, c'était pareil ! Un mot, un regard, un geste défavorable et tout partait à vau-l'eau. Et puis j'ai rencontré Christine et là, j'ai reçu en trois mois plus de congratulations que dans toute ma vie. J'étais le meilleur, le plus beau, le plus fort… et, très vite, je me suis senti étouffer. Cela ne pouvait pas être vrai ! Dans mes délires, j'ai même été jusqu'à imaginer qu'elle était une comédienne employée par mes amis pour me faire une blague et m'aider à croire en moi.

Jusqu'au jour où Christine a parlé avec ma mère. Ma mère lui a avoué s'en vouloir de ne pas m'avoir assez choyé. Elle était seule pour m'élever, mon père étant mort lorsque j'avais 1 an. Beaucoup de travail, de soucis, de chagrins… "Aimez-le", dit ma mère à

Christine. “C'est ce que je fais ! Mais il ne veut pas de mon amour !” Cette phrase m'a hanté pendant de longs mois. “Mais si, me disais-je, je veux cet amour ! C'est quelque chose en moi qui n'en veut pas ! Mais moi, j'en veux !”
Alors, j'ai entrepris une psychothérapie qui m'a permis de comprendre que les critiques que je n'acceptais pas et l'amour de Christine que je n'acceptais pas non plus, c'était la même chose ! Ça répondait du même processus : l'impossibilité de me faire confiance à moi-même et d'accepter d'être aimé, même dans la controverse ou l'avis contraire au mien.
À mon tour, j'ai parlé de tout ça à ma mère, en direct. Elle a compris ma souffrance et a eu cette phrase étonnante : “Mon Jean, il faut que tu acceptes d'être aimé comme je n'ai pas su le faire quand tu étais petit.” Depuis, étrangement, tout va beaucoup mieux. Il y a encore un long travail sur moi à faire, mais cela va mieux, oh ! oui, beaucoup mieux… »

Jean a accepté et dès lors, il peut construire cet amour de lui-même sur une base solide.

L'amour de soi est un itinéraire qui se construit au fur et à mesure du développement de l'histoire de sa vie. Les premiers temps sont primordiaux, nous l'avons vu, et dans ces temps, l'image immense de la mère est au centre pour les hommes comme pour les femmes. Car la mère est le premier objet d'amour pour les deux sexes. Ensuite, cet itinéraire emprunte des chemins particulièrement riches d'enseignements. Ces enseignements sont nombreux, mais nous en retiendrons quatre. Quatre étapes à franchir à partir desquelles l'intégration de la notion d'amour de soi aide à intégrer le monde avec vigilance et acuité : la conscience du « je », la libération du sentiment de culpabilité, le changement de perspective et l'accès à la créativité.

La conscience du « je »

La conscience du « je » ne se réduit pas à la seule conscience de soi-même. *A priori*, nous avons toutes et tous conscience de nous-mêmes. Notre corps, nos pensées, nos actes sont réalisés avec un minimum de conscience. Mais « avoir conscience » et « être en conscience » sont deux notions différentes. Dans le fait d'entrer en conscience vis-à-vis de soi-même réside l'idée de la prise en compte de sa responsabilité personnelle. Responsabilité qui instaure une manière d'être au monde active et non passive. Il ne s'agit plus de faire pour faire, mais de faire intentionnellement. La conscience du « je » implique une intentionnalité marquée et construite. Ainsi, dans cette responsabilité, lorsqu'un acte est posé, il n'est pas entaché de reproche fait après coup. On assume et on prend en charge toutes les conséquences de ses actes parce que, au départ, l'intentionnalité est claire.

Souvent, les patients en psychothérapie attendent que leurs problèmes se résolvent malgré eux. Ils espèrent une intervention extérieure bienfaisante, voire divine. Le travail thérapeutique est justement l'inverse. Il s'agit de comprendre que la main secourante tant attendue ne viendra pas de derrière les nuages, mais qu'elle est là, tapie au fond de soi, prête à surgir pour peu qu'on l'y aide. Beaucoup de patients attendent même la résolution, sous forme de conseils, de la part du psychothérapeute. Mais celui-ci n'a pas de projet pour son patient. Il ouvre une voie, il aide, il accompagne, mais il ne fait pas « à la place de », ni « pour ». Ainsi, l'affrontement d'avec son ombre, ses démons et ses fantômes fait-il partie du processus.

Comprendre de quelles couches est fait son univers intérieur et comment son histoire personnelle se dit au-dedans de soi permet, indéniablement, une conscience accrue du « je ». L'enjeu ? On devient responsable de ses choix, de ses actes, de son temps, de son corps, de sa vie. Surtout, on n'est plus dupe des raisons instituant des conflits à l'intérieur de soi.

« Deviens qui tu es », disait Socrate. C'est de cela qu'il s'agit. Devenir au plus près de soi ce « je » qui n'a plus de compte à rendre à un passé trop lourd et trop exigeant.

La libération du sentiment de culpabilité

Le sentiment de culpabilité est l'impression tenace d'avoir commis une faute et transgressé une loi. Ce sentiment se retrouve dans toutes les civilisations et les mythologies sont emplies d'actes coupables et répréhensibles. Il y a un rapport étroit à la Loi et à la conscience aiguë de ne pas respecter celle-ci. La culpabilité dont nous parlons ici est plus imaginaire qu'autre chose. Il s'agit de ce sentiment particulier d'avoir commis un crime inexistant réellement. Ce sentiment installe chez l'individu une angoisse tenace.

Pour la psychanalyse, il s'agit d'une ambivalence fondamentale s'inscrivant dès la petite enfance. En effet, l'enfant peut enregistrer à la fois des sentiments d'amour et de haine pour une même personne. L'association des deux entraîne la prise en compte des notions de bien et de mal, l'installation du surmoi et des conflits que celui-ci entretient avec le moi. D'un côté, faire le bien et répondre aux attentes parentales, familiales, sociales. De l'autre, vouloir être différent, transgresser les interdits et s'inscrire dans une situation où l'on risque de ne pas être aimé, car non conforme aux desiderata des autres. Parallèlement au sentiment de culpabilité se met en place un sentiment d'indignité fortement ancré.

Il va sans dire que se sentir coupable d'une faute non commise crée chez l'individu une névrose parfois extrêmement profonde et invalidante dans les rapports simples au monde. La sortie du sentiment de culpabilité s'effectue en prenant conscience du caractère irrationnel de ce processus. Pour cela, il est nécessaire d'aboutir à des mises en acte permettant de vérifier que l'angoisse peut être dépassée.

De nombreux symptômes sont liés à la culpabilité, comme si le corps traduisait les conflits internes par la maladie ou la pathologie. La marque même de la culpabilité est la prédominance de la pensée. Un être marqué par la culpabilité pense beaucoup et cherche par là à échapper aux affects liés à sa prétendue culpabilité. Ainsi, la pensée devient essentiellement opératoire et ne cherche qu'à éloigner l'individu de ses sensations, car celles-ci sont ressenties comme menaçantes pour l'intégrité psychique. On annule les fantasmes, les désirs, les besoins du corps pour se réfugier dans une pensée dominatrice et des attitudes souvent marquées par l'obsessionnalité.

> « Je pense trop »
>
> *Gérald, 38 ans*
>
> « Je pense trop. Toute ma vie est tournée vers cela : la pensée ! Toujours évaluer les choses avant de les faire ! Soupeser ! Peser le pour et le contre ! Parce que j'ai peur du regard des autres. J'ai peur de l'engagement et surtout, j'ai peur de mal faire ! Alors soit j'agis vite, soit je n'agis pas. Dans les deux cas, je me sens terriblement coupable ! C'est infernal ! »

Dans ce sentiment invalidant et destructeur (et Gérald en est la preuve !), on ne considère que l'avis d'autrui. On perd petit à petit la capacité à prendre en compte ses propres avis, son propre système de valeurs. Revenir à la validation de ses critères est l'une des étapes de la libération du sentiment de culpabilité. Cela constitue aussi une consolidation de l'estime de soi. Tout être humain fait des erreurs ou porte en lui des regrets. Quitter la systématisation des déceptions pour analyser, comprendre et créer des bénéfices aux situations anxiogènes est aussi un palier important vers la libération.

Le changement de perspective

Il s'agit de devenir acteur de son histoire et non plus spectateur. L'amour de soi passe par une prise en charge, une détermination et une activité entraînant des prises de position fortes et en accord avec soi-même.

Parmi les sentiments de culpabilité rencontrés en psychothérapie, beaucoup sont liés à la désapprobation ou la condamnation par des personnes importantes. Un père, une mère, des grands-parents ou un conjoint constituent ces personnes. Pourtant, les patients ne considèrent pas leurs actes comme répréhensibles, ils ne se sentent pas forcément fautifs, mais ils ressentent un sentiment désagréable et énervant de culpabilité. Souvent, la solution est d'arriver à se connecter à cette voix intérieure qui, au-delà des injonctions parentales et du surmoi, est capable de nous dire ce qui est bon pour nous ou pas. Repérer, prendre conscience et apprendre à écouter cette voix intérieure ne se fait pas au travers de règles précises. Il faut décider de le tenter et, grâce à l'expérience et à l'habitude, comprendre qu'il y a une partie de nous, particulièrement intime, qui ne nous veut que du bien. Au-delà se constitue la volonté profonde de défendre ses propres besoins et d'agir selon eux. Ainsi se créent les convictions.

Il y a la nécessité d'un changement de perspective vis-à-vis de soi-même. Il n'est pas question de transformer son histoire. Elle est ce qu'elle est. Il s'agit de modifier la façon dont nous la vivons et de modifier ses sensations par rapport à elle. Ce changement d'axe ne modifie pas l'objet regardé, mais permet de voir d'autres faces, d'autres aspects. C'est ce que l'on appelle en photographie l'effet parallaxe. Il n'y a pas de transformation et de croissance personnelle sans « effet parallaxe » vis-à-vis de soi-même.

Se libérer du sentiment de culpabilité peut être aussi de se dire : « Et si je ne me sentais pas coupable, comment cela serait-il ? » La culpabilité est tellement inscrite en nous, tellement portée par notre culture judéo-chrétienne, qu'elle devient comme une seconde peau. Se vivre ou, tout au moins, s'imaginer sans la présence dictatoriale de la culpabilité peut entraîner un sentiment de libération. Dans le malheur et l'affliction, nous sommes pris en otages par les événements. Nous ne les choisissons pas et ils nous atteignent, souvent, avec violence. Je ne veux pas dire qu'il est facile d'être malheureux, mais ce qui est sûr, c'est qu'il est difficile de porter un crédit majeur au bonheur et à l'amour. Tout nous pousse à nous installer dans la déréliction. Là encore, les religions monothéistes principalement sont là pour nous rappeler combien la détérioration de l'image de soi est naturelle et ontologique. C'est aussi contre cela qu'il s'agit de lutter.

Ne plus se soumettre au sentiment de culpabilité, c'est prendre la décision de hiérarchiser ses priorités de façon à valoriser une douce intransigeance vis-à-vis de ce que réclament nos besoins les plus profonds et les plus singuliers. La culpabilité nous rend inadaptés au monde, car elle provoque des stratégies épuisantes pour échapper à nos peurs et nos angoisses. Être libre, c'est être aussi dans un rapport au besoin d'amour sans contraintes et sans calculs. C'est accepter d'être surpris par l'amour. Cela crée en soi un sentiment de paix équilibrant et celui-ci s'acquiert aussi par ce déplacement de perspective. Il y a une différence entre dire « Je suis nul » et « J'ai du mal à prendre la parole en public ». Dans le premier cas, on pose une étiquette définitive et réductrice. Dans l'autre, on nomme sa difficulté en se donnant une éventuelle possibilité d'agir sur elle. Nous ne sommes pas nos peurs. Nous sommes nos possibilités.

Cette paix acquise (pourtant jamais définitive, à reconquérir sans cesse) nous aide à retrouver une sensibilité au monde ouverte et constructive. Nous devenons sensibles et sans cible.

L'accès à la créativité

La construction de l'amour de soi entraîne un saut dans l'inconnu. Le monde n'est plus défini par avance. Il se découvre à chaque fois, toujours nouveau, toujours mouvant, souvent mystérieux et incontrôlable. Pour aller vers ce monde, notre monde, fait de visible et d'invisible, l'art s'avère être l'un des vecteurs de connaissance et d'appréhension les plus puissants qui existe. Trouver en soi sa source artistique, sa capacité à créer pour interroger et participer au monde est le chemin fécond qu'il nous faut prendre pour parfaire ce rapport à soi inscrit sous le titre « amour de soi ».

L'art est fait de rites, de magie, d'un indéfinissable parfum d'imaginaire et de constructions mentales. Il semblerait que dès l'installation de nos ancêtres en groupe, l'apparition de l'art eût été concomitante à l'enterrement des morts et à l'interrogation mystique. Les interrogations sur la mort, la vie en collectivité, le sacré et la créativité sont intimement mêlés dans la même naissance. La même co-naissance !

L'homme primitif, l'*Homo sapiens sapiens*, était englué dans un rapport instinctif au monde. Au sortir de celui-ci, il se mit à se poser des questions sur ce qui l'entoure et sur qui il est au milieu de tout cela. Il sentit des forces étranges et le dépassant tout autour de lui. Les pratiques magiques qu'il élabora pour se protéger forgèrent le cadre de l'acte artistique. Celui-ci est donc d'abord magie et prise de possession. La peinture et la danse se ritualisent et permettent de dépasser peurs, angoisses et folie collective. L'art structure le groupe et crée une identité.

De l'aspect collectif primitif et archaïque à la dimension individuelle présente dans l'art contemporain occidental, il y a des siècles et des siècles écoulés. Mais la fonction fondamentalement équilibrante pour l'individu et le groupe auquel il appartient est toujours là ! Il n'est pas étonnant, d'ailleurs, que les régimes totalitaires attaquent d'abord les artistes lorsqu'ils veulent défaire un groupe de son identité.

Nous sommes toutes et tous créatifs. Nous portons en nous une capacité à agir sur le monde au travers des prismes de notre sensibilité profonde. Le fait d'accepter sa dimension créatrice est une preuve de confiance en soi. Faire un tableau, sculpter, écrire un poème, danser, faire du théâtre... tout cela permet de saisir la réalité qui nous entoure et d'y apporter notre propre interprétation. C'est une façon active de participer au réel tout en le transformant. Chaque œuvre d'art transforme le monde, puisqu'elle lui renvoie une image inédite de lui-même. Bien sûr, il y a une différence entre un artiste créateur porteur d'un projet et un amateur. Mais au-delà de ça, et partant du fait que « amateur » vient d'« aimer », la créativité inscrit tout être humain dans une fécondité équilibrante.

Le grand artiste allemand Joseph Beuys disait : « Le concept d'art lui-même s'élargit et ne concerne plus seulement l'activité des peintres, des sculpteurs, des poètes, des musiciens, des gens du théâtre, des architectes... mais concerne tout le travail humain. Voilà pour moi le développement nécessaire de l'art. Dans la pratique, cela veut dire que toute personne active devrait apprendre aussi une nouvelle discipline artistique, je veux dire celle de l'art social, de la sculpture sociale... Un art social, cela veut dire cultiver les relations entre les hommes, c'est quasi un acte de vie. Au titre de ce concept d'art anthropologique, chaque homme est un artiste. »[1]

1. Joseph Beuys, *Revue d'art contemporain*, N° 34 (interview d'Élisabeth Rona), octobre 1981.

Je suis en complet accord avec Beuys, chaque homme est un artiste… potentiellement. La découverte puis l'affirmation de sa capacité à la créativité ne peut que pousser l'individu à plus d'autonomie.

Les aspects structurants de la créativité

L'expression de la créativité au travers d'une œuvre quelle qu'elle soit est une catharsis. La catharsis est un terme issu du grec qui signifie nettoyage et purification. La catharsis est comme l'ancêtre de la psychothérapie. Elle implique une idée de guérison et de libération des affects sombres et morbides. Chez les Grecs, la tragédie servait de système de catharsis. Écouter l'histoire symbolique des dieux et de leurs affres était une manière de calmer ses souffrances et ses peines. Ceci de façon symbolique. Les contes de fées ou les comptines ont joué ce rôle pendant longtemps comme calmant des terreurs nocturnes.

Lorsqu'on crée, on établit en soi une modification de son champ de conscience permettant d'accéder à cet « effet de catharsis ». Il ne s'agit pas obligatoirement d'un état de béatitude, mais plutôt d'une façon d'être à soi en écoute et en vigilance. À partir de cette écoute, une appréhension neuve et en mouvement du monde se met en place. On interprète, on donne son avis, on cherche à modifier, on crée une tentative d'influence… Tout cela est bénéfique à une compréhension de soi visant à se libérer des effets réducteurs de la culpabilité pathogène.

La créativité sert aussi à se donner la permission de vivre au-delà des convenances. On peut délirer, exprimer une sexualité débordante, hurler, saccager, se délivrer, réparer un deuil… Tout cela symboliquement, donc de manière structurante. L'accès à la symbolisation permet de résoudre des conflits intérieurs. Des angoisses « ressenties comme intolérables en raison de leur aspect extrêmement concret et non médiatisables peuvent être graduellement abordées, symbolisées et intégrées »[1].

Mélanie Klein[2] commenta un récit de Karin Michaelis intitulé *L'Espace vide*. Il représente pour elle l'aspect structurant de ce qu'elle appelle le « dépassement de l'angoisse par l'élan créateur ».

« Une jeune femme, Ruth, était en proie, périodiquement, à des accès de profonde dépression. Belle, riche et indépendante, elle avait arrangé sa maison avec goût et avait une passion pour les voyages. Pourtant, lors de chaque accès de mélancolie, elle se répétait : "Il y a un espace vide en moi." Elle se maria, mais son bonheur fut de courte durée. Le frère de son mari était l'un des plus grands peintres du pays, et nombre de ses tableaux ornaient les murs de leur maison. Un jour, ce dernier vint reprendre une toile qu'il avait prêtée à son frère et laissa sur le mur un espace vide. Ceci ne fit que rajouter à la tristesse où elle se trouvait. Comme elle réfléchissait comment le remplacer, elle eut soudain l'idée de barbouiller elle-même cet espace vide en attendant qu'un tableau vienne le couvrir. Dès le départ de son mari, elle se hâta de trouver pinceaux et couleurs, et le soir elle avait achevé son œuvre, une femme nue, grandeur nature. À son retour, son mari n'en crut pas ses yeux et le beau-frère appelé crut à une farce tant la peinture démontrait de réelles qualités artistiques. La jeune femme continua à peindre, d'une main de maître, et plusieurs

1. Marc Muret, *Les Arts-thérapies*, Retz, 1983.

2. Mélanie Klein, *Essais de psychanalyse 1921-1945*, collection « Sciences de l'homme », Payot, 1989.

toiles furent exposées en public. La plupart de celles-ci étaient des portraits. »[1]

Pour Mélanie Klein, il y a là comme une réparation par rapport à des craintes archaïques, mais on peut remarquer l'aspect symbolique du rapport entre le vide intérieur de cette femme et le vide au mur. Remplir ce vide par sa créativité, c'est se remplir soi et quitter ainsi l'aspect pathologique de la mélancolie. La créativité, par ce changement de perception du réel, installe l'individu dans une sorte de rêve éveillé. Cela lui permet d'entrer en contact avec des zones enfouies de sa personnalité et ainsi de s'apercevoir, au travers du geste symbolique de créer, qu'il n'est pas un ennemi pour lui-même. Inutile de dire à quel point cela est libérateur et permet une réaffirmation positive du rapport à soi-même !

Toutes les formes d'art sont les bienvenues dans ces processus libérateurs.

Apprendre à faire face

L'amour est plus fort que la mort, dit-on. La morale populaire prête à celui qui aime des pouvoirs hors de l'humain. Il peut affronter les pires monstres, surmonter les épreuves les plus terribles et sortir vainqueur à chaque fois des épreuves infligées par la vie. L'amour est un état de grâce. Une suspension qui, à la fois, rend éthéré et donne de la matière. L'amour transforme en arbre : on est solidement enraciné dans le sol fertile et la tête tutoie agréablement les étoiles les plus lointaines.

---

1. Marc Muret, *op. cit.*

« Je suis guérie ! »

Prune, 29 ans

« Toutes mes relations amoureuses furent catastrophiques. J'avais associé, naturellement, amour et douleur. Et puis, j'ai rencontré Armand il y a neuf mois. Neuf mois de rêve ! Je peux dire que je suis amoureuse pour la première fois de ma vie ! Je découvre, j'explore, je suis comme un enfant face à une armoire pleine de confitures délicieuses ! Je me sens bien ! Je ne somatise plus ! Et le monde me paraît enchanteur et accueillant ! Je suis guérie ! »

L'état amoureux annule les conflits internes et donne une confiance en soi inébranlable. Encore faut-il construire en soi suffisamment d'espace pour que l'amour y trouve son nid et pose ses œufs. En fait, l'amour de soi, une fois acquis et intégré, s'installe dans l'amour naissant. On est en amitié avec soi-même. C'est comme une préparation à autre chose de plus grand, de plus fort.

L'amour de soi est l'antichambre de la rencontre avec l'autre. Il permet aussi de faire face aux épreuves de la vie. Il donne le courage nécessaire pour ne pas être dupe des voix intérieures qui chercheraient à restreindre nos capacités d'action et de bonheur. L'épreuve de la vie nous oblige parfois à chercher les preuves dans l'avis des autres. Preuves d'amour, de reconnaissance. Signaux sans doute quant à l'amour des autres. L'amour de soi permet de se recentrer et de trouver d'abord en soi ce que l'on a tendance à demander à l'extérieur. Nous devenons notre propre source. Affluent et mer réunis en nous dans un seul rythme intérieur. Rythme généreux, ouvert, fécond, immense.

De cet amour pour soi naît la possibilité d'amour des autres êtres humains. Il y a comme une reconnaissance de l'un dans l'autre. Cet autre en face de soi n'est plus systématiquement un ennemi potentiel ou un risque de voir son espace personnel diminué. Comme dit Christian Bobin : « L'amour est un effort pour sortir de ce meurtre naturel de chacun par chacun. »[1] On n'en vient pas à aimer tout le monde, mais plutôt à accorder importance et place à chacun, dans sa diversité, son élégance et sa particularité.

Ces sensations aident à faire face au monde dans ce qu'il a de plus rude. Elles permettent aussi d'entrer dans sa relation à l'environnement pacifié et dans une non-violence relationnelle particulièrement nécessaire à nos sociétés occidentales qui ne savent plus communiquer que par le soufre, le glaive et l'invective.

C'est un amour naissant qui s'étoffe et prend ses aises. Mais comment passe-t-on de cet amour de soi, de cette naissance de l'amour en soi à l'amour en lui-même ? Par l'affirmation de la rencontre avec l'autre. Par une embrassade souhaitée et rêvée qui n'est pas souvent un voyage calme et glorieux. Mais qui est toujours une aventure.

---

1. Christian Bobin, *Autoportrait au radiateur*, Gallimard, 1997.

III

Aimer l'autre

« Ils sont souvent si heureux qu'ils n'osent même pas se regarder. »

Stéphane Audeguy *(La Théorie des nuages)*

Rencontrer l'autre, l'accepter et l'aimer n'est pas chose simple. Nous savons pourtant que nous ne sommes pas seuls au monde et que l'autre est là, potentiellement. Cet autre, nous le rencontrons dès le début de notre vie, c'est notre mère, premier objet d'amour absolu, que l'on soit un petit garçon ou une petite fille. Ensuite, l'autre prend d'autres figures et devient une réalité forte lors de la relation amoureuse. Des premiers moments de la scolarité jusqu'à l'âge adulte en passant par cette grande période d'initiations et de découvertes qu'est l'adolescence, la question de l'autre vient nous préoccuper.

Cette présence de l'autre à nos côtés nous apprend à saisir les complémentarités qui fondent les relations humaines et à grandir dans le partage et l'échange. Mais l'autre n'est pas toujours considéré comme un plus. Il peut nous déranger, nous obliger à changer nos systèmes de valeurs. Il est un aiguillon, car il nous apprend, par sa présence et ses demandes, à considérer la vie comme un vaste réseau de communications... avec l'autre !

Qui est l'autre ?

« L'être comme tel, c'est l'amour qui vient à y aborder dans la rencontre. »

Jacques Lacan *(Encore)*

Tout au début...

Dès sa naissance, l'être humain s'inscrit dans une dynamique de relation. Georges Didier le précise en disant : « Dès la naissance, l'être est pris par la réalité. Il entre en relation, comme s'il était venu gérer le "deux", cette incontournable rencontre avec l'autre, le différencié... qui le renvoie à lui-même et à sa propre émergence. Cela va l'obliger à rester centré, à écouter, à percevoir, à ressentir sa propre référence et, en même temps, à s'ouvrir vers la liberté et l'intelligence du différent. »[1]

1. Georges Didier, *Fonction paternelle et étapes de croissance*, Le Souffle d'Or, 2001.

Nous avons oublié les neuf premiers mois de notre vie. Ces neuf mois sont ceux de notre gestation. Les moments où nous sommes passés d'un état indifférencié à la constitution d'un début de personnalité. Certes, le mot « personnalité » est sujet à caution, car il peut impliquer une structuration psychique déterminée et relativement fixée. Pourtant, les réactions du fœtus dans le ventre de sa mère obéissent à des stimuli extérieurs et à des besoins internes de plus en plus précis au fur et à mesure de son développement.

Il y a comme un paradoxe : le bébé arrivant au monde est une personne capable d'échanges avec l'extérieur. Pourtant, il n'est aucunement autonome ni tout à fait conscient de ce qu'implique sa participation au monde. Il est en cours de développement et cette lente constitution du moi est déjà une personnification. Il est une personne tout en étant en train de le devenir !

Ce que perçoit l'enfant du monde environnant s'inscrit dans une globalité instinctive. Comme l'homme primitif, le bébé ne différencie pas son monde instinctuel du monde extérieur. Sandor Ferenczi défendait d'ailleurs l'idée qu'un enfant dans le ventre de sa mère revivait toute l'histoire de l'humanité, de l'amibe primitive jusqu'à la constitution du sujet humain. L'ontogenèse et la phylogenèse intimement liées ![1]

Et puis l'enfant est là ! Sujet parmi d'autres sujets d'une histoire qui a débuté avant sa venue. Objet de désirs et de projections familiales. Déjà sujet et sujet en devenir dans le même temps ! Cet enfant, cette personne, est encore dans l'indifférencié lorsqu'il arrive au monde. Le monde et lui, sa mère et lui, tout ce qui l'entoure est le prolongement naturel de ses affects. Même si la

1. Sandor Ferenczi, *Thalassa, psychanalyse des origines de la vie sexuelle*, Payot, 1992.

naissance et la rupture du cordon ombilical représentent des étapes importantes vers son autonomie, il est le dieu omnipotent d'un monde dont il est à la fois le centre et la périphérie. Même le sein ou le biberon sont des prolongements de lui-même !

Dans ce contexte, les sentiments éprouvés sont profonds et ambivalents à la fois. La frustration est difficile à gérer et elle représente une faillite du sentiment de toute-puissance. C'est en cela aussi que la frustration est constitutive de l'édification d'un moi autonome, car petit à petit, l'enfant comprend que ce qui le frustre et lui fait perdre de sa puissance vient de l'extérieur de lui. Il saisit que cet extérieur existe. Il commence à se différencier de lui et il comprend qu'il est membre d'un tissu environnemental complexe de relations et d'échanges.

Comment l'autre devient possible…

L'enfant se constitue en tant que sujet autonome, il affirme une personnalité en comprenant l'existence d'autres sujets autour de lui, participant au même monde. L'acceptation de ces autres sujets permet au moi de définir ses frontières et installe la compréhension que les autres ont des désirs parfois conformes aux siens et… parfois différents. L'autre devient possible.

Pour que les désirs soient partagés (et cela provoque satisfactions et plaisirs !), il faut que l'autre soit souhaité, attendu, espéré et qu'il réponde à certaines attentes. Pour affirmer son moi, il est nécessaire de ne pas s'apercevoir seul dans le miroir, mais avec la possibilité du regard de l'autre.

L'amour, l'autre et moi

> **« Je voudrais qu'il me dise pourquoi il m'aime »**
>
> *Denise, 44 ans*
>
> **« Je lui demande constamment s'il m'aime, et il me répond toujours à côté. Son oui n'est pas suffisant, c'est un oui de circonstances. Je voudrais qu'il me dise pourquoi il m'aime, qu'il me rassure, qu'il me tranquillise. »**

Dans nos processus amoureux, nous recherchons l'autre et l'autre nous recherche. Il s'agit d'un mouvement mutuel fait de circonvolutions, de besoins d'attirance, de séduction et d'interrogations aussi. L'autre est au centre de nos préoccupations. Cet autre ne peut pas nous laisser indifférents. Il s'agit de l'autre et moi et aussi de l'« autre-émoi ». C'est un circuit complexe où les intersubjectivités agissent à plein régime et où les demandes d'amour sont à la fois conscientes et inconscientes. La seule explication des déferlements de phéromones ne suffit pas pour comprendre ces attirances et ces déterminations à vouloir aimer et être aimé. Quelque chose de plus subtil est en jeu même si odeurs, visages, corps sont des éléments activant les rencontres et les attirances.

L'une des questions qui se pose à nos espaces intérieurs dans la démarche d'amour est : qui est cet autre que je désire rencontrer ? N'est-ce pas, dans son désir même, une personne soumise au manque comme moi ? La capacité que je lui prête à me combler n'est-elle pas un leurre, une projection de mes désirs sur elle ? Si nous installons cet autre à une place aimée, il devient irremplaçable et il nous transforme. L'amour de l'autre fait que l'on est ce que l'on est et que jamais plus on ne sera comme avant. L'autre modifie notre rapport au monde et à nous-mêmes, indéniablement. Nous donnons à l'autre un pouvoir : celui de provoquer en nous des changements que nous appelons « amour ». Nous lui prêtons une toute-puissance dont nous avons besoin. Mais répond-il toujours à cette attente. Y répond-il suffisamment longtemps ?

Au plus fort de l'union amoureuse, les amants aspirent à un « encore » qui ne se trouve pas toujours et très vite, l'autre peut devenir insatisfaisant, frustrant. Cet « encore » est-il le fantôme du désir qui vient, tapi, se lover dans les interstices de l'amour ? La recherche de fusion avec l'autre nécessite une soudure, mais pour se ressourcer de nouveau au mythe d'Aristophane, cette soudure peut rappeler sans cesse la cicatrice originelle, nous laissant deviner que ce rapport à l'autre que l'on pensait plein et total n'est peut-être en définitive qu'un artifice. La totalité reconstruite est toujours imparfaite.

« Si l'aimé perd l'amour de l'autre, dont il est dépendant, il vient aussi à manquer de la protection contre toutes sortes de danger », dit Sigmund Freud[1]. C'est bien de cette peur de la perte qu'il s'agit. L'amour de l'autre est une protection. Il est la protection absolue contre les aléas et les vicissitudes de la vie. Perdre cet amour, c'est se retrouver nu face au monde. La demande qui soustend nombre d'actes d'amour est « Protège-moi, rassure-moi » ! Cette protection n'est pas toujours obtenue, elle l'est d'ailleurs rarement sur le long terme. Autrement dit, face à cette demande, on obtient toujours quelque chose d'autre que ce qu'on demande. C'est

1. Sigmund Freud, *Le Malaise dans la culture*, *in Œuvres complètes* (vol. 18), PUF, 2004.

comme le jeu du « téléphone arabe ». Entre les mots du départ et ceux de l'arrivée, il y a une différence énorme. Le langage est à la fois ce qui transmet le message et ce qui, nécessairement, le dénature. D'où ces incompréhensions constantes dans le rapport amoureux et ses applications langagières.

> **« Elles veulent le beurre et l'argent du beurre ! »**
>
> *Jean-Pierre, 50 ans*
>
> « Les femmes sont terribles, avoue Jean-Pierre, elles veulent le beurre et l'argent du beurre ! Non seulement elles travaillent et occupent des fonctions autrefois réservées aux hommes, mais en plus il faudrait continuer à être galants, à les consoler, à les aimer comme si nous étions encore de preux chevaliers ! »

Cette incompréhension entre hommes et femmes marque les différences d'intégration des processus amoureux. Les mots pour le dire sont essentiels, mais le vocabulaire utilisé ne répond pas aux mêmes définitions !

Aimer l'autre, être face à lui

Dans l'amour, nous sommes face à l'autre, mais aussi face à nous-mêmes. Nous sommes face au regard de l'autre. Regard que l'on recherche, que l'on espère. On voudrait que ce regard englobe, rassure, régénère. Nous regardons l'autre avec la compréhension qu'il a la même attente que nous. Les demandes se croisent, les besoins se rencontrent, mais ils ne s'accordent pas forcément. Jamais comblé, jamais satisfait, l'amour est comme le sable dans la main. Il glisse le long des doigts tout en nous racontant la mer d'où il vient ! L'immensité reste une promesse. L'amour se soumet aux lois du désir.

Lorsque l'autre arrive dans notre vie et que nous décidons de l'aimer, il est toujours insatisfaisant, car il ne correspond jamais à l'image idéale que nous avons de lui. Il s'en rapproche peut-être, mais il ne l'est pas ! Nous recherchons l'autre comme une complétude alors qu'il est, de fait, porteur de défaillances et de frustrations. Ceci est inscrit dans notre relation au monde dès notre arrivée au monde. C'est aussi ce qui amène la création du manque dont je parlais dans le premier chapitre. Ce qui rend complexe ce rapport à l'autre, c'est bien l'attente que nous avons de lui. Cette attente crée de l'émotion, de l'émoi.

Les contes de fées nous parlent des nombreuses épreuves vécues par les héros. Ces épreuves sont récompensées par l'alliance magnifique avec l'autre. « Ils se marièrent et eurent beaucoup d'enfants », est-il dit. Le conte se termine là et la réalité commence. Les épreuves vécues sont les preuves de la possibilité de l'amour. L'autre (le prince ou la princesse) est la récompense, mais cette vision idyllique du couple ne résiste pas toujours à la rudesse de la relation. Toujours sous la magnificence une part de boue se cache. C'est pourtant cette part de boue qui donne tout le relief et toute la difficulté de la rencontre avec l'autre. Nous avons besoin de l'autre. Aimer est une projection vers lui. C'est un appel fait à l'autre et qu'il nous fait *a priori* dans le même temps.

Aimer l'autre est aussi une tentative de possession. C'est « mon mari », « ma femme », « mon fiancé », « ma petite amie »... l'autre m'appartient dans l'amour. L'amour peut à certains moments n'exister que comme marque de cette possession. L'autre aussi peut chercher à nous posséder. Mutuellement, on se possède. Comme s'il y avait une volonté inconsciente de revenir à cet état fusionnel et indifférencié des premiers temps de la vie.

Qui est donc l'autre ? C'est de toute évidence un autre élu. Au milieu de multiples rencontres, à un moment donné, un choix est fait, choix qui participe à des besoins et des déterminations inconscientes. Même dans le coup de foudre il y a une impérieuse élection qui se joue. Élire l'autre comme objet d'amour (en espérant la réciprocité), c'est le mettre sur un piédestal. Il a la médaille d'or. Il est notre championne ou notre champion. Il est infaillible et porteur du flambeau olympique de notre besoin de désir. L'autre permet au désir d'exister.

J'ai avancé l'idée d'un état naissant de l'amour mis en place à partir de l'amour de soi. Comme une porte ouverte sur la possibilité de l'espérance de l'autre. Ce mouvement du désir de désir participe de cet état naissant de l'amour. L'autre vient s'inscrire dans un espace ou sur un podium établi pour lui. Mais rarement avec lui ! De nombreuses problématiques du couple procèdent de ce malentendu. La construction du rapport à l'autre et l'idée que l'on s'en fait préexiste à sa rencontre réelle. Si cela s'accorde, la complémentarité est parfaite et l'amour prend son essor dans une relation égalitaire. S'il y a désaccord entre l'image de l'autre et sa réalité, le regret, le rejet et parfois la haine viennent occuper l'espace à la place de l'amour.

L'apprentissage de la cohabitation avec l'idée de l'autre n'est pas simple. Le besoin d'être en relation, qui est une force de vie, peut côtoyer l'impossibilité d'accepter que l'autre existe selon des caractéristiques qui ne nous plaisent pas. C'est pour cela que la présence de l'autre renvoie au rapport à soi, à la validité de ses désirs, à l'éclaircissement nécessaire quant à la hiérarchie de ses demandes et de ses besoins. C'est pour cela que la rencontre avec l'autre est une découverte de soi et que la relation s'inscrit du côté de l'initiation.

La rencontre avec l'autre

> « C'est une tentative d'éternité »
>
> *Arjun, 29 ans*
>
> « Il n'y a pas un amour, il y a des amours. L'amour se modifie selon nos besoins. Il me fait sans cesse penser à la mort. Aimer, c'est essayer d'échapper à notre finitude. C'est une tentative d'éternité. On sait qu'on est périssable et en aimant l'autre, on lui confie notre désir d'éternité. C'est lourd d'être aimé ! C'est plus facile d'aimer que d'être aimé. Aimer est un élan, être aimé est une responsabilité. Je ne sais pas dénouer l'amour de la mort. Je crois que c'est parce qu'on est mortel qu'on aime. Les deux sont intimement liés. »

Les mots d'Arjun ont une force que l'on retrouve dans plusieurs grandes histoires d'amour littéraires et notamment dans *Roméo et Juliette* de William Shakespeare.

Roméo et Juliette

Roméo Montaigu aime Juliette Capulet. Ce qui pourrait s'avérer simple pour tous les jeunes gens comme eux est ici très complexe. Les deux familles se détestent et se vouent une haine sans nom. Ainsi, le fait même de porter leurs noms familiaux les empêche d'aimer. Soit Roméo et Juliette obéissent aux lois sociales, parentales et morales. Soit ils les dépassent, se retrouvent hors la loi et peuvent néanmoins s'aimer. La rencontre entre les deux amoureux est initiatique dans le sens où elle leur permet d'aller vers eux-mêmes, de se forger un nom propre débarrassé des contingences de l'histoire. Le mot « initiation » implique le fait de commencer quelque chose. L'amour dans la rencontre avec l'autre installe un nouveau commencement, un démarrage inédit, une perspective neuve et c'est l'autre qui le permet. Mais c'est aussi parce qu'ils sont ennemis que leur amour est fort et fragile à la fois. Dans l'acte II, scène II, Juliette dit dans une tirade que Roméo surprend[1] :

« Ô Roméo, Roméo ! Pourquoi es-tu Roméo !
Renie ton père et refuse ton nom,
Ou, si tu ne veux pas, fais-moi simplement vœu d'amour
Et je cesserai d'être une Capulet. [...]
C'est ce nom seul qui est mon ennemi.
Tu es toi, tu n'es pas un Montaigu.
Oh, sois quelque autre nom. Qu'est-ce que Montaigu ?
Ni la main, ni le pied, ni le bras, ni la face,
Ni rien d'autre en ton corps et ton être d'homme.
Qu'y a-t-il dans un nom ? Ce que l'on appelle une rose
Avec tout autre nom serait aussi suave,
Et Roméo, dit autrement que Roméo,

---

1. William Shakespeare, *Roméo et Juliette*, traduction d'Yves Bonnefoy, Folio, 1985.

Conserverait cette perfection qui m'est chère
Malgré la perte de ces syllabes. Roméo,
Défais-toi de ton nom, qui n'est rien de ton être,
Et en échange, oh, prends-moi tout entière ! »

Et Roméo de répondre :

« Je veux te prendre au mot.
Nomme-moi seulement "amour", et que ce soit
Comme un autre baptême ! Jamais plus
Je ne serai Roméo. »

C'est en oubliant l'histoire, en se débarrassant des oripeaux des obligations sociales qu'ils peuvent entrer en amour. C'est en se nommant « amour » l'un et l'autre qu'ils peuvent devenir eux-mêmes et accéder à une identité qu'ils autoproclament. Bien sûr, Roméo et Juliette seront « rattrapés » par l'histoire. Ils mourront, à cause d'un imbroglio.

Ce que nous apprend la pièce de Shakespeare, c'est aussi que l'amour ne peut se dire et s'éprouver sans une différence de l'un à l'autre à partir de laquelle la fusion amoureuse peut avoir lieu. Répétons-le encore : même s'ils doivent fuir leurs familles respectives, c'est bien la haine fondatrice d'un clan envers l'autre qui différencie Roméo de Juliette et qui les pousse à trouver une complémentarité bâtie sur leurs différences. Roméo et Juliette ne s'aiment pas parce qu'ils sont semblables, mais bien parce qu'ils sont radicalement opposés.

L'amour, dans sa recherche de la fusion, semble faire dire : « Dis-moi ton nom, au-delà des contingences matérielles et des systèmes ! Nomme-toi différemment ! Sois un autre que celui que ton histoire précise. » L'amour, dans son attachement au réel, fait avouer : « Raconte-moi ton histoire, celle de tes parents, de tes ancêtres. Dis-moi d'où tu viens pour que je perçoive où je vais avec toi. Donne-moi ta différence pour que je puisse te nommer la mienne ! »

D'un côté, une recherche de l'atemporalité, de l'éternel et de l'autre, une inscription dans le temps et l'histoire. Roméo et Juliette opposent les deux systèmes et finissent par en mourir. Lorsque la rencontre avec l'autre englobe le temps de l'être et l'éternité de l'amour, nous entrons dans la reconnaissance de l'autre comme à la fois différent et semblable. Cette rencontre des différences, lorsqu'elle est dépassée (mais il faut qu'elle ait eu lieu !), donne ces grandes figures mythiques que sont : Quasimodo et Esméralda dans *Notre-Dame de Paris* de Victor Hugo[1] ou la Belle et la Bête dans le conte de Mme de Beaumont.

1. La fin du roman de Victor Hugo est une belle illustration du dépassement des contraires dans l'amour. Il est dit : « Deux ans environ ou dix-huit mois après les événements qui terminent cette histoire, quand on vint rechercher dans la cave de Montfaucon le cadavre d'Olivier le Daim, qui avait été pendu deux jours auparavant, et à qui Charles VIII accordait la grâce d'être enterré à Saint-Laurent en meilleure compagnie, on trouva parmi toutes ces carcasses hideuses deux squelettes dont l'un tenait l'autre singulièrement embrassé. L'un de ces deux squelettes, qui était celui d'une femme, avait encore quelques lambeaux de robe d'une étoffe qui avait été blanche, et on voyait autour de son cou un collier de grains d'adrézarach avec un petit sachet de soie, orné de verroterie verte, qui était ouvert et vide. Ces objets avaient si peu de valeur que le bourreau sans doute n'en avait pas voulu. L'autre, qui tenait celui-ci étroitement embrassé, était un squelette d'homme. On remarqua qu'il avait la colonne vertébrale déviée, la tête dans les omoplates, et une jambe plus courte que l'autre. Il n'avait d'ailleurs aucune rupture de vertèbre à la nuque, et il était évident qu'il n'avait pas été pendu. L'homme auquel il avait appartenu était donc venu là, et il y était mort. Quand on voulut le détacher du squelette qu'il embrassait, il tomba en poussière. »

L'état d'amour

L'amour est une surprise. C'est ce moment où nous sommes comme saisis par le feu de l'amour. Indéniablement, cela pousse à des actes, des décisions hors de la commune attitude. L'autre qui inscrit son énergie et son devenir dans notre vie nous amène à comprendre combien la reconnaissance de l'altérité est source de compréhension de soi-même et de découverte du monde.

Nous sommes porteurs de contradictions. C'est de la compréhension de ces contraires en soi que naît le début d'un équilibre. C'est à partir de la cessation de leur opposition que s'affirme l'identité individuelle. C'est à partir de leur dépassement que s'affirme l'épanouissement. Cela, nous le portons en nous. L'autre aussi le porte en lui. Tous ces éléments, à la fois contradictoires et complémentaires lorsqu'ils sont en harmonie, créent la rencontre dans l'amour au-delà des apparences et des conflits. Ainsi, l'autre augmente l'un et l'un magnifie l'autre.

La rencontre avec l'autre permet aussi d'éprouver la notion d'« état d'amour » que l'on traduisait autrefois par le fait de s'énamourer. S'énamourer, c'est recevoir ce que l'amour contient comme choc. On dit « tomber amoureux » et il y a parfois quelque chose qui a à voir avec une chute. Chute dans des affects inattendus et aussi chute dans un état d'être surprenant et dérangeant dans certains cas. L'amour, dans cette rencontre avec l'autre, peut venir bouleverser ses propres systèmes de valeurs et de croyances. C'est ce que traduit de façon rude et forte l'histoire d'Héloïse et d'Abélard.

Héloïse et Abélard

Pierre Abélard est théologien. Il a 39 ans. Il tombe éperdument amoureux d'une de ses élèves, Héloïse, âgée de 15 ans. Il lui donne des leçons de philosophie sous l'œil attentif de l'oncle d'Héloïse, Fulbert. Abélard est vierge et très vite, Héloïse, éprise de lui, lui fait connaître les délices du transport physique. Abélard écrit à un ami : « Sous prétexte d'étudier, nous nous livrions entiers à l'amour. Les leçons nous ménageaient ces tête-à-tête secrets que l'amour souhaite.

Les livres restaient ouverts, mais l'amour plus que notre lecture faisait l'objet de nos dialogues ; nous échangions plus de baisers que de propositions savantes. Mes mains revenaient plus souvent à son sein qu'à nos livres. »[1]

Mais un jour, Fulbert surprend les amants qui au lieu d'apprendre latin, grec et stoïcisme s'adonnent à l'apprentissage des joies de la chair. Abélard quitte la demeure de l'oncle et Héloïse s'aperçoit qu'elle est enceinte ! Elle s'enfuit pour accoucher en Bretagne d'un enfant nommé Astrolabe. Fulbert apprenant l'événement oblige Abélard à épouser Héloïse et envoie celle-ci dans un couvent. Abélard vient l'y voir et, malgré la religiosité du lieu, continue d'entretenir avec Héloïse des étreintes fiévreuses et passionnées. Abélard, qui apprend vite, passe de l'amour tendre aux coups et aux gifles et très rapidement, le couple entre dans une relation sadomasochiste évidente. « Ma concupiscence déchaînée se satisfait avec toi dans un coin de réfectoire, faute d'un autre endroit où nous livrer à ces ébats. »[2]

---

1. Abélard et Héloïse, *Correspondance*, 10/18, 1992.
2. *Op. cit.*

Fulbert, mis au courant, entre dans une phase plus violente. Il engage des brigands qui, une nuit, émasculent Abélard et lui retirent « l'aiguillon de la concupiscence » !

Pourtant, cet acte barbare eut sur Abélard des effets étonnants. Cela lui permit, notamment, de retrouver Dieu et la foi ! « L'indigne trahison commise par ton oncle, dira-t-il à Héloïse, fut donc un effet de justice et de clémence souveraines : diminué de cette partie de mon corps qui était le siège des désirs voluptueux, la cause première de toute concupiscence, je pus croître de toutes autres manières. Celui de mes membres qui seul avait péché expia dans la douleur ses jouissances peccamineuses : n'était-ce pas toute justice ? J'ai été circoncis de corps et d'esprit. Je devins ainsi d'autant plus apte au service des autels qu'aucune contagion charnelle ne pouvait désormais m'atteindre et me souiller. Vois de quelle clémence je fis l'objet ! »[1]

Mais chez Héloïse, le désir reste entier et vivace. Ils s'écriront l'un et l'autre de longues années durant. Abélard retrouvant Dieu et Héloïse dans son couvent rongée par le désir. « Les plaisirs amoureux qu'ensemble nous avons goûtés ont pour moi tant de douceur que je ne parviens pas à les détester, ni même à les chasser de mon souvenir. »[2]

Après la mort de Pierre Abélard, en 1142, Héloïse demanda à le rejoindre dans la tombe. Lorsqu'elle mourut en 1164, on dit que les croque-morts qui la mirent en terre auprès d'Abélard virent celui-ci, au-delà de la mort, tendre ses bras vers elle ! Ne tendit-il que les bras ? La légende ne le dit pas !

1. *Op. cit.*
2. *Op. cit.*

L'histoire d'Héloïse et Abélard est symptomatique de ce désir qui pousse l'un vers l'autre. Ce désir amène à reconsidérer ses croyances, ses valeurs et à propulser son corps, son âme, vers un « toujours plus » qui marque l'être dans la découverte de lui-même. Il y a comme un appel, une visée qui oblige à des décisions parfois radicales, souvent magnifiques. Et là où ce mouvement vers l'autre prend sens, c'est justement dans le fait que l'autre est reconnu. Miracle ! Se dit-on, un autre existe ! Et tendre vers lui est ce qui peut m'aider à me construire et à me découvrir !

Au-delà d'histoires aussi fortes que celles de Quasimodo et Esméralda ou d'Héloïse et Abélard, il y a la vie de tous les jours. Comment nos contemporains vont-ils l'un vers l'autre ? Qu'attendent-ils de l'autre ? Que lui demandent-ils ? Que leur est-il demandé ? C'est cela que je me propose d'aborder à présent dans cette relation particulière à l'autre qu'est la sexualité.

La sexualité et la rencontre avec l'autre

« Qu'est-ce que l'amour ? Ce n'est pas l'excitation sexuelle. C'est le besoin de se trouver tous les jours dans la compagnie d'un corps qui n'est pas le sien.
Dans l'angle de son regard.
À portée de sa voix. »

Pascal Quignard *(Vie secrète)*

On dit « faire l'amour » lorsqu'on parle de l'acte sexuel. Ce serait donc dans la sexualité que l'amour se fait, se fabrique. Là est tout l'intérêt du terme d'ailleurs, car l'amour est un faire. Il est un état et aussi une construction. Il se fait, se fabrique, se construit. La rencontre avec l'autre sur ce terrain de l'intime et du partage des corps et des sensations est une aventure toujours forte. Que l'on soit dans les premiers temps de la découverte sexuelle ou dans sa maturité, il n'en reste pas moins que le sexuel nous préoccupe.

Nous avons dépassé depuis plusieurs décennies l'amalgame automatique entre sexualité et procréation. Nous savons qu'il s'agit avant toute chose d'une affaire de plaisir. Même si ce plaisir recherché est parfois, pour des raisons morales, entaché d'interdit, il mobilise bon nombre de nos pensées et de nos actes. Dans le sexuel, l'autre est toujours présent sous forme réelle ou sous forme de fantasme. Il n'y a pas de sexualité sans l'autre.

Au début est la sensorialité…

Dès notre arrivée au monde, nous nous positionnons comme des êtres de sensorialité. Que notre environnement soit olfactif, auditif, tactile, visuel ou gustatif, il provoque en nous des quantités de sensations que nous répertorions très vite en « agréables » ou « désagréables ». Au milieu de ces myriades d'informations et d'interrelations entre nous et le monde, une figure immense et *a priori* bienfaitrice fait office de référence : notre mère ! Elle est un objet par lequel nous comprenons le monde et elle est aussi le monde ! Ce que nous vivons avec elle est sensationnel (car lié aux sensations !) et affectif. Ainsi, les sens et les premières notions de l'amour se trouvent infiniment liés dès le début de toute vie.

Il y a en l'être humain comme une recherche fondamentale et innée de contact et d'échanges. Ce terreau fertile est une proposition épanouissante faite à notre organisation psychique en devenir.

Bien sûr, tout n'est pas rose et idyllique et parfois, nous confondons amour et déplaisir et cherchons à détruire ce qui nous équilibre profondément. Là encore, l'image de la mère est en première ligne. Je dis bien l'« image » et non la mère réelle, car il s'agit de la représentation que nous introjectons de celle qui nous a mis au monde. Ces représentations constitueront pour beaucoup d'entre nous (hommes comme femmes, d'ailleurs), plus tard, (beaucoup plus tard !) la base du modèle relationnel amoureux.

On peut donc dire que nous naissons avec une énorme appétence à l'érotisation. Ce qui ne signifie pas à la sexualité. Sigmund Freud, dans *Trois essais sur la théorie de la sexualité*[1], affirme : « Il est généralement admis que la pulsion sexuelle fait défaut à l'enfance et ne s'éveille que dans la période de la puberté. C'est là une erreur lourde de conséquences, puisque nous lui devons l'ignorance où nous sommes des conditions fondamentales de la vie sexuelle. » L'une des erreurs d'interprétation concernant cette assertion freudienne est de confondre « pulsion sexuelle » et « désir sexuel conscient ». Nous enregistrons donc dès notre plus jeune âge un rapport étroit entre des sensations corporelles agréables et l'amour que nous distribue notre mère. Ce modèle ne nous quittant plus jusqu'à notre maturation d'adulte.

Bien sûr, l'âge adulte et la socialisation qui l'accompagne arrivant, nous cherchons à faire correspondre amour et agréabilité. Mais amour et agréabilité ne veut pas forcément dire amour et sexualité, même si la sexualité est un champ peuplé d'agréables sensations. Faire l'effort de ne pas confondre amour et sexualité a un énorme avantage : cela permet de différencier les deux et de ne pas croire que l'un c'est l'autre ! Ainsi, ce n'est pas parce qu'on a une relation sexuelle qu'on aime. Tout comme ce n'est pas parce qu'on se dit

1. Sigmund Freud, *Trois essais sur la théorie de la sexualité*, Gallimard, 1985.

aimer quelqu'un qu'on doit obligatoirement terminer la nuit avec lui dans de longs échanges corporels fiévreux. Mais – et nous retrouvons toute notre agréable complexité – l'amour a besoin du sexuel pour s'éprouver.

La sexualité est le magnifique outil dont se dote l'amour pour édifier son monument. L'amour existe et prend sens de cette manière-là. Mais le sexuel seul n'est pas gage d'amour. Il est reflet de désirs, de fantasmes... d'une kyrielle d'éléments disparates conscients et inconscients, mais il n'est pas la preuve seul de l'amour. On peut dire que ce n'est pas parce qu'on fait l'amour qu'on arrive à l'édifier.

Amour et sexualité, concordances et discordances...

Il n'est pas facile de parler de sexualité dans notre société. Non pas à cause de la morale, mais justement parce qu'elle est trop présente. On a la fâcheuse sensation que tout a été dit et pourtant, force est de constater que c'est un univers qui pose encore problème à certains.

« Je n'y arrive pas »

Loris, 57 ans

« Je ne sais pas ce qui se passe. J'aime ma compagne, Annie, j'en suis sûr et pourtant je n'arrive plus à faire l'amour avec elle. Je n'ai pas de problèmes d'érection ou d'éjaculation précoce, mais je n'y arrive pas. Nous commençons souvent un rapport ensemble et puis le désir s'arrête et nous restons dans les bras l'un de

l'autre sans aller jusqu'au bout ! Et elle ressent la même chose que moi. Nous sommes plus dans les câlins que dans la fornication. »

Pour Loris et Annie, l'amour existe, mais il ne se concrétise pas dans le sexuel. Il passe par d'autres voies, d'autres registres et il n'y a pas lieu de les considérer comme des personnes anormales ! Que se passe-t-il ? Je crois que nous ne pouvons avancer dans ce registre particulier de la rencontre avec l'autre que si nous faisons la différence entre l'amour et la sexualité, ou plutôt entre l'amour et le besoin biologique de sexualité.

Dans le besoin biologique, on obéit au corps, on est dans une pulsion directe qui fait que l'organisme a un besoin naturel d'expulser une grande dose d'énergie dans une décharge émotionnelle nommée sexualité. L'autre est considéré, qu'on le veuille ou non, comme l'objet de son désir. Il est le vecteur par lequel la satisfaction va trouver son but.

Dans l'amour, la sexualité passe par des registres très différenciés. D'une part, l'autre y est envisagé comme sujet et d'autre part, il y a une ardeur spécifique qui s'exprime. L'amour a besoin de cette ardeur pour exister. Le mot « ardent » est lié à la fougue, à la mobilisation des énergies vers un but à atteindre.

Le sexuel peut se vivre en lui-même, sans sentiment amoureux et sans culpabilité. Lorsqu'il y a confusion entre les deux termes, on cherche d'emblée dans le sexuel à vérifier la profondeur et surtout la véracité de ses sentiments. Alors que si l'on fait une séparation entre les deux, si l'on accepte que le sexuel n'est pas obligatoirement l'amour, on se donne la possibilité de différer le passage à l'acte et surtout d'envisager la sexualité sous un autre angle qui peut s'avérer plus dynamique et plus fécond. Cela permet de ne pas tout confondre et ainsi d'analyser de façon plus claire certains de ses propres comportements et certaines attitudes d'autrui.

Comprendre cela, séparer amour et sexualité biologique, c'est refuser que le sexuel soit le leurre de l'amour, mais plus encore, c'est apporter à l'amour une dimension importante : l'attente. L'amour se nourrit de lui-même. Il s'invente dans une langue qui s'appelle Éros. Cette langue est celle du désir, du charnel, mais elle est aussi celle du regard, de la caresse et de la non-précipitation.

L'amour sexuel est quelque chose qui s'invente et qui ne répond ni aux normes ni aux statistiques. Il ne se définit pas. Si on devait quand même le définir, ce serait le moment où un sujet a l'impression de ne plus avoir de repères, d'inventer sans cesse les actes et les pensées au moment même où ils se déroulent. Dans l'amour sexuel, il y a du « trop », c'est-à-dire une impression de vastitude et d'appétit plus grand que de coutume.

C'est l'expérience de ce « trop » qui amène la sexualité à magnifier l'amour et à lui donner une dimension haute. En toute logique, c'est dans le couple que devrait se vérifier le bien-fondé de tout cela !

Un couple, des couples

Le couple et l'amour

« Mais, ce n'est pas le tout que d'aimer, il faut avoir la liberté de se le dire et se mettre en état de se le dire toujours. »

Marivaux (*Le Triomphe de l'amour*, acte II, scène XII)

Nous portons en nous deux tendances qui s'opposent : Éros et Thanatos. Éros est ce puissant besoin de vivre, d'aimer, de participer au monde, de reconnaître l'autre et soi-même. Thanatos n'est pas que la pulsion de mort, c'est aussi une pulsion de destruction, de non-partage, d'enfermement, d'isolement. Le couple active Éros, mais il peut aussi prendre le risque de la venue victorieuse de Thanatos en cas de dysfonctionnement du processus relationnel. Lorsque Thanatos est là, il prend possession de l'ensemble des terres et les ravage avec assiduité. Le temps que met le sol à redevenir fécond peut être long, aride et douloureux.

Le couple est donc le lieu où l'amour devrait se dire et se développer. Le couple est pressenti comme l'idéal de la rencontre, car on y est à deux et qu'ainsi le partage peut se faire avec celui ou celle que l'on reconnaît et qui nous choisit. Qu'il soit conjugal ou autre, le couple est le creuset dans lequel l'amour trouve toutes les composantes pour exister pleinement. Le « deux » du couple est magique ! Il est espéré dès l'enfance. Le petit copain ou la petite copine de la maternelle est déjà la préfiguration du couple à venir. On se choisit pour être plus solide face à l'adversité du nombre. Le couple est d'emblée vécu comme un rempart solide face aux atteintes de l'extérieur. Lorsqu'on interroge les hommes et les femmes occidentaux, le mot positif associé au couple, hormis l'amour, est « construction ». On est à deux pour construire ensemble. On édifie une histoire qui permet d'être plus fort individuellement. On bâtit une famille. On solidifie une situation sociale. On solidarise. On renforce. On s'arme contre les vicissitudes de la vie.

Dans le couple, l'amour a naturellement sa place. Il détermine la rencontre et devient l'élément évident de la continuité de la relation. Dans le couple, l'amour agit comme un ensemble de serments. Les amants se vivent dans des projections perpétuelles de promesses faites et de promesses tenues. Tout ceci concourt à solidifier le couple, à lui donner une existence pérenne et à rassurer celui et celle qui le composent.

Dans les psychothérapies de couple, lorsque la relation se fragilise, j'entends souvent la phrase : « Tu m'as trahi ! Tu n'as pas tenu tes promesses ! » Outre la promesse de fidélité qui est le ciment du couple occidental, d'autres engagements sont tenaces et indispensables. Qu'ils soient dits ou pas ! Ceux-ci ont souvent à voir avec la notion de sécurité. Le couple se doit d'être un espace de sécurité pour que l'amour y perdure. Cette sécurité a de multiples formes : sociales, affectives mais aussi émotionnelles. Qu'entend-on par « sécurité émotionnelle » ? Dans le couple, surtout lorsqu'il a une durée de vie importante, les émotions se partagent sur un mode mineur, car il s'agit souvent d'un refuge, d'un havre de paix face à la rudesse du monde. On peut concevoir un début de relation fait de tensions, d'à-peu-près, de réflexions, de remises en cause, mais une fois l'engagement relationnel pris, on recherche une stabilité qui exclue toutes formes extrêmes voire violentes dans l'expression des émotions. On peut certes être confronté à des émotions difficiles à accueillir, liées à des événements extérieurs au couple : deuils, chômage, stress divers... mais à ce moment-là, le couple devra agir comme une réponse de sérénité face aux épreuves. Sinon, il risque d'être emporté par la vague.

Le couple est une relation et dans cette relation, il y a deux « je » qui cherchent à former un « nous » solide et structurant. Dans la relation à deux, il y a un effort pour dépasser la solitude de l'un. Une tentative de briser l'isolement pour ne pas se sentir seul au monde. Est-ce retrouver l'ancrage primitif à la mère ? La fusion des commencements de la vie ?

Que serais-je sans toi ?

Ce qui est sûr, c'est que chacun est élu par l'autre. Dans le couple se place une préférence dont chacun est l'élu et qui fortifie le rapport que l'on a aux contraintes de la vie. C'est la fin rêvée de la solitude, avec en prime le regard toujours valorisant de l'autre sur soi. « Je suis seul avec tous, sauf avec toi », disait Albert Einstein à sa femme Mileva. « Que serais-je sans toi qui vins à ma rencontre ? » disait Louis Aragon à Elsa Triolet.

Échapper à la solitude, briser ce lien délétère et angoissant au monde pour le remplacer par un autre lien plus porteur d'espoir et de sens, voilà l'axe autour duquel s'élabore la notion de couple. « Religion » vient du latin *religare* qui signifie « relier ». En ce sens, l'amour dans le couple et le couple lui-même sont une forme de religion ! Ils permettent (l'un alimentant l'autre) de créer du liant. Ils donnent un sens à ce que la vie promet.

Comme on le voit, le couple synthétise et réunit beaucoup d'éléments, beaucoup d'attentes aussi, dans sa fonction même. Il est parfois le seul médicament aux malheurs et aux craintes.

> « La seule pensée de sa présence me rassure »
>
> *Jean-Charles, 42 ans*
>
> « Le monde m'est insupportable, dit Jean-Charles. Tout est difficile : mon travail, mes relations sociales, tout… J'ai l'impression continuelle qu'il me faut faire des efforts énormes pour y arriver. Heureusement que Solenne est là ! Bien sûr, tout n'est pas parfait entre nous, mais la seule pensée de sa présence me rassure et me réconforte. J'aime son physique et quand je la vois le matin, je me dis que même si ma journée est ratée, il y aura eu ce visage entrevu sous les draps et que la vie vaut, pour cela, la peine d'être vécue ! »

Pour Jean-Charles, Solenne représente l'espoir et aussi la possibilité d'une certitude d'accès à la pulsion de vie. Sa relation à elle constitue pour lui le rempart le plus sûr, mais aussi et surtout, la source à laquelle il peut s'abreuver sans répit. Le couple devient une coupe à laquelle la possibilité de s'abreuver sans cesse porte l'être, le rassure et lui donne la force pour affirmer son existence.

Le couple est l'illustration de la possibilité de l'amour, mais il est aussi l'affirmation de la perspective à devenir amoureux. Le couple est à la fois la réalisation et la promesse de la réalisation.

Quand devient-on amoureux ? Quand nous sommes prêts à l'être ! C'est-à-dire lorsqu'en nous une possibilité de transformation est en cours. On devient amoureux lorsque l'élan est là pour explorer de nouvelles formes de vie, de nouveaux territoires. Nous sommes insatisfaits d'une situation, d'un présent et quelque chose en nous se décide à l'ouverture et à l'accueil du sentiment amoureux. On peut dire que nous ne sommes donc pas aptes à être amoureux continuellement. Il nous faut certaines conditions de vie et surtout un besoin impérieux, irrésistible de changement et bien sûr, être prêt consciemment et inconsciemment à établir ce bouleversement.

Lorsque ce bouleversement arrive, il s'agit d'un besoin d'excès qui se tend comme un arc vers sa cible et son besoin. Le couple se forme et représente aux yeux de toutes, de tous et des partenaires qui le composent l'incarnation parfaite du sentiment amoureux réalisé. On passe de la force désirante de l'amour à sa réalisation.

En général, les contes de fées s'arrêtent là et certaines histoires de couple aussi. L'entrée dans l'amour devrait correspondre à l'essor de l'amour et il revêt souvent les habits de « la fin de l'amour ». Dans ce que j'ai appelé « Les déguisements de l'amour » (voir p. 35), j'ai commencé à aborder ce processus. Dans le couple, il prend des dimensions particulières et précises.

La vie amoureuse d'un couple n'est pas un long fleuve tranquille. Certes, si l'amour en est le moteur d'édification dans nos sociétés occidentales industrialisées, il est nécessaire d'alimenter continuellement la relation pour qu'elle perdure en qualité. En bref, il faut prendre soin de son couple ! Cela signifie accepter d'inscrire dans la relation une vigilance constante. L'amour est un feu, nous l'avons dit, et ce feu, il est urgent de le surveiller afin qu'il ne s'éteigne point. Lorsque le feu s'éteint, on veut continuer à croire qu'il brille et brûle toujours et l'on prend la forme pour le fond et l'amour s'éloigne au loin. Voici quelques formes relationnelles de couple d'où l'amour est absent alors qu'on peut le croire encore présent.

Le couple alangui

Voici une forme de relation où l'on ne fait plus d'effort. L'autre est considéré comme acquis. L'amour constitutif de la relation, au départ, est considéré comme allant de soi. On ne vérifie plus si l'autre aime ou non. Ce qui a été demandé et vérifié une fois n'a plus besoin de l'être. Ici, plus de surprise, tout est planifié à l'avance. Les vacances, les sorties, les programmes télévisuels... Tout roule, tout « baigne ». Vu de l'extérieur, le couple paraît être en bonne santé et d'une certaine manière, il l'est. Mais le feu propre à la relation d'amour est éteint. Ces couples-là peuvent durer très longtemps, tant on s'habitue à la morne ordonnance des choses.

Il est tellement rassurant de ne pas avoir à se poser de questions ! Tellement confortable de ne pas se dire que l'autre s'ennuie peut-être ! Dans le couple alangui, on prend parfois un amant ou une maîtresse juste pour égayer un peu le quotidien. Cela ne remet pas en cause le couple lui-même. Il s'agit d'une fioriture, d'un petit extra, d'une cerise sur le gâteau relationnel. Dans le couple alangui, on ne se parle pas. Ou alors juste pour échanger des informations, certes importantes, mais hautement superficielles. Tout ce qui pourrait fâcher ou installer de la confusion dans la relation est soigneusement mis de côté. On reste à la périphérie des choses de peur de faire des vagues trop hautes ou trop dérangeantes.

Lorsqu'on interroge les partenaires d'un tel couple, ils avouent sans ambages que tout va bien, même si les choses sont « un peu plan-plan ». Ce type de couple a une vie sociale, parfois même très intense. Il n'est pas replié sur lui-même, il s'ouvre, il participe, il organise. On est ici dans l'univers des apparences et des cachotteries. Mais pour peu qu'un événement inattendu et perturbant surgisse, il n'est pas dit que le couple trouve les capacités de faire face à une situation inattendue. Dans mes consultations, je vois souvent des personnes qui se réveillent justement à la suite d'un événement déstabilisant et qui prennent conscience de leur longue hibernation relationnelle et amoureuse. Ils remettent tout en question, veulent autre chose et vont immédiatement vers des recherches de solutions extrêmes : rupture, éloignement, divorce difficile...

> **« Je n'ai pas le temps de poser les problèmes »**
>
> *Bénédicte, 40 ans*
>
> **« Voilà plusieurs années que je sais que plus rien ne va dans mon couple. Mais je n'ai pas le temps de poser les problèmes. Vous savez, je travaille comme une folle et entre les heures de boulot et mes enfants, je prends mon couple comme il est ! Après tout, d'autres sont plus malheureux que nous ! C'est vrai qu'il n'y a pas beaucoup de "profondeur" comme on dit, mais je m'y fais. Et vogue la galère ! »**

Il est important de leur dire que la relation est réparable, car il existe un fond de connivence et de partage à partir duquel l'édifice peut se reconstruire. Cela nécessite toujours de réaffirmer l'importance d'une parole intime partagée et sincère.

Le couple huître

C'est la version caricaturale du couple alangui, mais la parole et le système relationnel en moins. Le couple huître est refermé sur lui-même, ne participe pas au monde. On soigne ses névroses en huis clos, on se terre, on se cache, parfois on déménage, souvent de peur d'être obligé d'entretenir des relations avec les autres. Souvent, dans ce type de couple, on partage une addiction ensemble (alcool, notamment).

Ce type de fonctionnement est proche de ce que je qualifiais de « manque à manque » dans la première partie de ce livre. Autant la sexualité est absente dans le couple alangui, autant ici elle peut être présente voire prédominante. Le couple huître se soutient mutuellement. Chacun est vigilant vis-à-vis de l'autre, mais cette vigilance est surtout due au fait que l'on ne veut pas perdre ce cocon particulier où l'on se nourrit essentiellement de la présence de l'autre. Il y a comme un aspect cannibale dans ce type de relation. Chacun est enfermé dans l'autre sans possibilité d'ouverture et d'évolution vers l'extérieur.

« Ils attendent la mort serrés l'un contre l'autre »

Estelle, 32 ans

« Mes parents ne veulent jamais nous voir mon mari et moi. Ils sont enfermés chez eux, et même des fêtes comme Noël sont difficiles à organiser avec eux. Ils prétextent toujours un voyage, une réunion associative, alors que je sais parfaitement qu'ils ne font partie d'aucune association. Et je ne parle même pas de la possibilité de prendre en garde nos enfants ! Ils sont tout le temps fatigués, peu disponibles et les quelques fois où ils ont accepté de prendre mon fils ou ma fille avec eux (jamais les deux ensemble !), ils nous ont fait comprendre combien cela avait été difficile, éreintant et pénible. Je suis très triste de cela, car ils n'ont pas d'amis, pas d'activités et j'ai l'impression qu'ils attendent la mort serrés l'un contre l'autre. »

Estelle parle de ses parents, donc d'un couple de personnes qui ont un « certain âge », mais il ne faut pas croire que ce fonctionnement est l'apanage des personnes âgées. J'ai rencontré de jeunes couples qui fonctionnaient de la même manière. Bien sûr, il y a de la peur derrière tout cela. Une peur de la rencontre, de l'autre et du monde extérieur. Au-delà de cette peur, il existe un besoin de ne pas participer à la vie sociale. L'amour ici se confond avec la protection que chacun offre à l'autre.

Peut-on aimer en ayant peur ? Peut-on considérer l'amour uniquement comme un rempart contre les forces extérieures ? Il me semble que non, sous peine de réduire l'amour petit à petit à un médicament tentant de calmer, sans y parvenir, une angoisse existentielle profonde.

Le couple « à toute berzingue »

> « On se retrouve pour se reposer ensemble »
>
> *Colette, 36 ans*
>
> « Les journées sont dures. Je passe mon temps à anticiper. Ils me font bien rire les magazines avec leur idée de profiter du temps présent. Je ne connais que le temps à venir. Bernard, mon mari, est souvent absent, mais il ne peut faire autrement, son travail est tellement prenant. Bien sûr, on se retrouve, mais c'est essentiellement pour se reposer ensemble avant de repartir "au charbon". »

Colette, comme beaucoup d'autres, prend cette vie « à toute berzingue » comme la seule réalité possible. Elle en oublie d'alimenter sa relation avec Bernard d'amour et de tendresse. Un jour, elle apprendra qu'il a une maîtresse et elle lui répondra : « OK mon chéri, mais là je n'ai pas le temps. On en reparle ce soir si tu veux bien, après le film. »

On va vite, on tente de donner à la vie un rythme fou, on est pris par les obligations professionnelles, on petit-déjeune debout, rapidement, les yeux encore embués de sommeil, on voit à peine les enfants qui ont pourtant intérêt à bien travailler à l'école. On se croise, on communique par Post-it déposés sur la porte du réfrigérateur. On se donne l'impression de vivre grisés par la vitesse et l'occupation. Et surtout, on ne voit plus l'autre qui vit à ses côtés. Les seuls moments possibles de partage sont dans le lit, mais on est trop fatigué, alors on préfère regarder la télévision pour se détendre.

Caricatural, me direz-vous, eh bien non, car combien de couples vivant ainsi décident d'entamer une thérapie et ne trouvent pourtant pas le temps entre les séances pour se parler, faire le point. Combien de fois ai-je entendu : « Heureusement que nous venons chez vous, sinon on ne se rencontrerait jamais pour se parler vraiment. »

Notre société occidentale fonctionne beaucoup en mettant en avant la vitesse d'exécution et le remplissage du temps comme moteur de l'action et de la réussite. Dès lors, beaucoup s'engouffrent dans cette brèche. Ce n'est pas tant qu'ils travaillent considérablement que le fait qu'ils sont toujours dans l'occupation ou dans la projection d'une possible occupation. Comme le dit Colette, il n'y a plus de place pour l'instant présent, la réflexion, le recul et l'amour de l'autre.

Le couple « locomotive-wagon »

Dans cette forme de couple, l'un décide et l'autre suit. L'un est le moteur unique de la relation et l'autre subit, sans trouver réellement sa place. Les rapports de domination et de soumission que laisse entendre ce type de relation ne sont pas de l'ordre du sadomasochisme. Le tableau est plus fin que cela.

En général, la relation est acceptée telle quelle et personne ne souffre de ce qui se passe. Il y a un bénéfice énorme pour celui qui subit, car il fait l'économie de la prise de décision ou de la prise de risques. « Les choses doivent se passer ainsi », dit l'un. « Bien sûr, dit l'autre, puisque qu'il le dit, cela doit être vrai et réalisable. » Celui qui est la locomotive peut couvrir de cadeaux et d'attention celui qui est le wagon. Chacun trouve sa place puisque cela permet au train d'avancer ! Bien sûr, l'équité n'est pas au rendez-vous. C'est toujours à l'autre qu'il faut demander pour savoir, décider, aller de l'avant. On pourrait objecter que l'amour existe dans cette forme de couple puisqu'il y a un consensus relationnel clairement établi.

Toutefois, l'idée que nous défendons est que l'amour donne à chacun la même part de lumière. Il s'agit d'une série d'actes ou l'on se reconnaît entier dans le regard de l'autre et non morcelé ou éparpillé. Dans le couple « locomotive-wagon », l'un est grand parce que l'autre est petit. Souvent, les prises de conscience se font tardivement, au bout de plusieurs années de vie commune. Ce n'est pas obligatoirement celui qui est « wagon » qui saisit la nature incongrue de la relation. La « locomotive » peut aussi en avoir, soudain, assez. S'en suit une immense déception, une impression de gâchis et aussi l'impression de s'être nié pendant longtemps.

« Tout était réglé à l'avance »

Armande, 45 ans

« Paul décidait tout. Je dois reconnaître que cela m'a convenu pendant six longues années. Même la liste des courses devait être établie par lui ! Je m'appuyais sur lui, il était comme un père protecteur qui me rassurait par rapport aux difficultés du monde extérieur. Partir en vacances avec lui était rassurant. Tout était réglé à l'avance, les lieux, la location, l'itinéraire. Je n'avais plus qu'à me laisser porter. Même au niveau sexuel, c'est lui qui décidait. Il dictait les moments où je devais avoir envie et ceux où il fallait attendre.
Et puis un jour, j'ai voulu prendre des initiatives. J'ai organisé un simple repas avec des amis. J'ai fait la cuisine, proposé le jour... tout cela pour lui faire une surprise que je pensais agréable pour lui. Ce fut terrible ! Il est rentré dans une colère noire ! Il m'a accusée de ne rien savoir faire et que ce genre de projet était automatiquement voué à l'échec puisqu'il venait de moi ! Nous avons parlé longuement. Il pensait sincèrement que j'étais nulle et incapable. Et je me suis rendu compte que moi aussi je m'étais imaginé comme cela pendant toutes ces années.
Ce fut une prise de conscience terrible ! Nous avons essayé de rééquilibrer notre relation, mais ce fut impossible, les choses étant trop réglées entre nous selon des principes *a priori* immuables.
Nous avons rompu pendant un an. J'ai testé d'autres manières d'être avec les hommes, plus équitables, et ce fut la découverte du vrai bonheur d'exister. Nous nous sommes retrouvés il y a un mois avec Paul, et nous essayons de remettre en place une

> relation plus stable, moins dans la soumission en ce qui me concerne, et je dois avouer que ça ne fonctionne pas trop mal, mais je reste extrêmement vigilante ! »

Armande prononce l'un des mots-clés concernant l'ensemble de ces portraits de couples : vigilance ! L'amour, si on veut en garder la saveur novatrice et enthousiasmante, a besoin dans le couple de cette vigilance sous peine de travestissements néfastes à l'évolution positive de chacun.

Le couple piédestal

L'une des variantes du couple locomotive-wagon est le couple piédestal. Il s'agit d'une relation d'adoration où les conjoints aiment surtout l'image idéale de l'autre. Ainsi, l'un des deux est érigé en modèle et prend symboliquement la place du père tout-puissant dans la relation. Il est à noter qu'une femme peut très bien se situer à cette place-là et faire figure de père décisionnaire dans l'organisation quotidienne et affective du couple.

> « Elle m'éclaire ! »
>
> *Arnaud, 29 ans*
>
> « Elle est trop bien ! Si vous la voyiez ! Elle a une facilité à nouer des relations avec les autres qui me fascine ! Et puis, chacune de ses décisions est juste ! Quand je suis avec elle chez des amis, j'ai l'impression d'être plus grand ! En fait, je profite de sa lumière ! Elle m'éclaire ! »

Le couple ado

Voici une forme de couple d'où justement la vigilance est furieusement absente. Le couple ado refuse les responsabilités et est enfermé dans l'illusion d'un amour absolu. Il fonctionne comme ces grands adolescents qui oscillent sans choisir entre l'autonomie adulte et l'attachement prégnant à la structure parentale. D'ailleurs, dans le couple ado, la relation aux parents est édificatrice de la manière d'être et de penser. On va encore chez ses parents pour manger, faire laver son linge sale, réclamer de l'argent, chercher un conseil. Parfois, même l'adresse postale officielle est encore au domicile parental.

En fait, le couple ado, ce sont, comme dit l'hypnothérapeute Marie-Gabrielle, « des enfants qui jouent aux adultes ». Ils font comme les grands, ils singent la relation, se donnent l'impression d'assumer les responsabilités et se réfugient auprès de leurs parents dès que la réalité leur résiste. La sexualité du couple ado est à l'avenant du reste. On est tendre l'un avec l'autre certes, mais le désir reste quelque chose de mystérieux et d'impalpable. On pratique peu ou alors avec des fous rires ou des chatouillis qui inscrivent plus le sexuel du côté d'un jeu badin et sans enjeu particulier.

Bien entendu, la réalité fait peur. La moindre démarche administrative prend les allures d'une épreuve insurmontable.

La notion de couple ado se trouve activée chez les jeunes couples d'à peine 20 ans qui décident de vivre ensemble, poussés par l'arrivée inattendue d'un enfant ou le besoin de quitter le cocon familial (vers lequel on retourne de toute façon !). On peut aussi trouver cette immaturité chez des personnes ayant dépassé la trentaine.

L'amour chez le couple ado est un essai d'amour. On tente de correspondre à des modèles préétablis et creux. On s'inscrit dans un mythe préfabriqué. On s'aime comme certains couples modèles, on prend des attitudes, des poses, sans que tout cela ne soit réellement étayé par des sentiments profondément ancrés et incarnés.

Le couple en lutte

« Tout devenait prétexte à des engueulades publiques »

Kay, 39 ans

« Comment vous expliquer à quel point c'était infernal ? Il nous fallait nous disputer tout le temps devant les amis. Lorsque nous arrivions à une soirée, je sentais les regards des autres qui n'attendaient qu'une chose : la fameuse dispute. Et ça ne tardait jamais à arriver ! Un ou deux verres et ça démarrait au quart de tour ! Une remarque désobligeante, un mot mal ressenti, un regard, une jalousie furtive… tout devenait prétexte à des engueulades publiques. Et figurez-vous que ça se terminait toujours bien, c'est-à-dire par une relation sexuelle tonitruante. Parfois même, les mots durs entraînaient une telle excitation qu'il nous fallait nous retrouver dans les toilettes ou partir de la soirée. Je n'ai jamais autant ressenti la fatigue que durant cette période. Tout demandait des efforts immenses et tout finissait par des retrouvailles sexuelles. Je n'en pouvais plus et pourtant… j'en redemandais ! »

Ici, il s'agit du besoin de représentation qu'ont certains couples. Représentation de leurs « prises de becs », de leurs discordes, de leurs chamailleries. C'est une forme particulière d'hystérie relationnelle. On ne peut exister que face au regard des autres et dans l'expression d'un règlement de comptes continuel.

Kay pose tout le problème particulier du couple en lutte. Il est question d'intensifier les rapports pour créer une excitation sexuelle forte sans laquelle il ne peut y avoir de rencontre des corps. Là où la pathologie s'installe, c'est bien sûr dans le fait que le regard et la présence des autres sont indispensables à l'établissement de cette excitation. Lorsque les deux partenaires du couple en lutte se retrouvent seuls, bien souvent ils s'ennuient. La relation semble mièvre. Ils se regardent sans se reconnaître ou cherchent soigneusement à s'éviter. C'est bien cet ennui qui pose problème, car il est la preuve de l'impossibilité de la relation et cela, le couple en lutte ne veut pas le voir. Il préfère croire à la pérennité de la relation et va la construire dans le conflit face aux autres. Comme ce conflit débouche invariablement sur une relation sexuelle, on construit d'autant mieux l'illusion que la relation reste possible.

Le couple en lutte est un danger pour les autres, car il peut devenir vampirisant et dans ce besoin du contact avec le regard des autres entraîner des relations fausses et perverses. On invite des amis en vacances, mais pour mieux s'affronter face à eux, par exemple. Parfois, ce type de conflit peut être contagieux pour peu que le couple invité soit dans une période relationnelle délicate.

Cette nécessité de la lutte correspond à une instrumentalisation de l'autre. Celui-ci n'est envisagé que dans le cadre d'un mécanisme relationnel en conflit indispensable pour se sentir vivre. D'ailleurs, les partenaires qui s'établissent dans ce type de relation sont souvent nerveux, stressés et ont un fond colérique qui se traduit aussi dans leurs relations professionnelles.

Le couple fusion

La fusion est un terme thermonucléaire laissant entendre le passage d'un corps solide à l'état liquide sous l'action de la chaleur. En extrapolant, on peut dire que la chaleur est l'amour (ou ce que l'on prend comme tel) et que la solidité se perdant, on perd son identité. Les mots associés à fusion sont : absorption, intégration, mélange, mais aussi panthéisme et nirvana.

« Aimer, c'est regarder ensemble dans la même direction », dit une phrase célèbre. Dans le couple fusion, on ne fait pas que regarder dans la même direction. On est le même regard ! Ici, l'un se confond totalement à l'autre. « Soyons deux » disent les deux amants. « Soyons-le pour n'être qu'un ! » Et de fait, en se donnant l'illusion de la réalisation dans le deux, le un se perd complètement et on ne voit plus ni l'autre ni soi. On ressent le besoin de l'autre pour continuer à exister, mais on ne l'imagine plus différencié de soi.

La fusion est une terrible illusion, car elle est extrêmement agréable. D'autant plus que la fusion est inscrite dans notre culture comme faisant partie intégrante du sentiment d'amour. En effet, les contes de fées, les histoires de couples mythiques ou celles racontées chaque semaine dans la « presse people » laissent entendre que la fusion relationnelle est le but ultime de l'amour. Un état singulier de bien-être et de sécurité où l'on ne peut être atteint par rien. Ainsi, le couple fusionnel trouve une béatitude dont il ressent les effets bienfaisants mais qui éloigne chacun d'une possibilité d'autonomie individuelle.

« Nous étions en création perpétuelle »

Sylvain, 44 ans

« Même lorsque j'avais une pensée importante, il fallait tout de suite que Jeanne le sache. Je l'appelais d'emblée et cette idée faisait naître une idée chez elle qui m'en donnait une autre. Nous étions en création perpétuelle. Chaque pas, chaque geste devait être commun ou alors il fallait, lorsque nous étions obligés d'être éloignés l'un de l'autre, tout se dire sans oublier aucun détail. Être ensemble dans le même souffle, c'était être ensemble dans la même vie. »

La fusion est chatoyante, car elle donne l'illusion d'une appartenance à l'autre. Cette appartenance semble solidifier la relation. Elle lui donne des reflets et un relief extrêmement plaisant. On n'est plus seuls au monde ! On est deux ! Mais les risques sont importants. Pour peu qu'un événement inattendu survienne, le couple fusion d'emblée se resserre sur lui-même et tente de faire face. Cela est efficace si l'événement en question vient de l'extérieur. Mais s'il provient de l'intérieur même de la relation (besoin d'autonomie, dépression, relation extraconjugale…), tout vole en éclats. Les réactions peuvent même être très violentes et celui ou celle que l'on adorait devient l'ennemi dont il faut se débarrasser à tout prix. La relation fusionnelle laisse entendre une relation passionnelle. Cette passion, entendue par tous comme associée à la notion de couple, a même donné lieu à la notion de « crime passionnel » porteuse de circonstances atténuantes au cours de procès pour meurtre de l'un des conjoints.

La fusion crée une dépendance totale à l'autre. Chacun prend appui sur son partenaire, comme une plante qui a besoin d'un tuteur pour croître. Si l'un bouge, l'autre doit bouger aussi, dans le même sens et au même rythme. La fusion est bénéfique à la réparation, elle a de toute évidence une fonction de pansement narcissique. Elle sert à chacun à montrer à l'autre qu'il peut faire des choses et qu'en les montrant à son partenaire, il sera toujours validé. Cela se traduit par un surinvestissement de la relation, un besoin irrépressible d'être en contact avec l'autre sous peine d'être inabouti, défait, incomplet. Les preuves d'amour deviennent plus importantes que la construction même de l'amour et quand l'autre part, c'est le désastre absolu.

Lorsque Jacques Brel chantait dans *Ne me quitte pas* :
« Laisse-moi être l'ombre de ton ombre
L'ombre de ta main
L'ombre de ton chien »,
c'est de cette désespérance-là dont il est question. On ne peut pas se construire de façon autonome, la crise existentielle devient abyssale et l'élan vital est perdu à tout jamais.

De l'un à l'autre ou la possibilité du couple

« Là où un homme et une femme se sont rencontrés et se sont reconnus, l'éternité est prise comme une bulle d'air dans un ambre. »

Christiane Singer

Autrefois, à l'époque pas si lointaine de nos grands-parents, le couple était un état de passage vers la famille. La famille constituait la pierre angulaire de l'édification sociale. Les rôles de chacun étaient définis socialement. La notion de couple s'inscrivait dans une dynamique existant avant même la rencontre. Comme si ce que l'homme et la femme avaient à faire l'un avec l'autre ne souffrait d'aucune discussion. Seule la possibilité du couple hétérosexuel était envisageable, bien entendu. Penser le couple, dès lors, comme lieu de réalisation personnelle ou même comme source de pathologie relationnelle semblait inconcevable. Le couple devait fonctionner tant bien que mal et, souvent, la femme s'en trouvait sacrifiée dans sa recherche de bonheur ou de réalisation personnelle. Celle-ci d'ailleurs était intimement liée à sa capacité à faire des enfants. Le summum de l'« être-femme » était l'« être-mère ».

Ce qui a changé, selon la formule de Willy Pasini, c'est la « privatisation du couple »[1]. En effet, depuis trente ans environ, le couple n'est plus le relais direct du corpus social. Il a un fonctionnement propre et autonome et chacune et chacun y cherche délibérément des réponses à ses questions les plus fortes et parfois les plus intimes.

Le couple est-il possible ? Ou plutôt le couple en équilibre, en évolution, non pathologique est-il possible ? Je peux tranquillement répondre oui à cette question importante. Lorsque les couples consultent, c'est cela qui sous-tend leur travail thérapeutique : est-ce possible de sortir de ce que nous vivons et qui nous martyrise ? Est-il possible d'être à deux et que ce « deux » soit structurant, enthousiasmant et tonique ?

---

1. Willy Pasini, « La Clinique du couple », *in Désir, couple, dépression*, ouvrage collectif sous la direction de Philippe Brenot, L'esprit du temps, 2001.

La crise du couple vient du fait que la relation est faussée par des masques, des manques et que ce que l'on demande à l'autre dans la relation est difficile à tenir. Il y a comme un réseau de promesses impossibles. Tout le monde s'accorde à reconnaître la fulgurance de la première fois et le tremblement particulier des premiers mois d'une aventure amoureuse. Que se passe-t-il pour qu'après cela les difficultés et les malentendus s'installent ? À l'évidence, les premiers temps de l'amour sont marqués par la fusion et le désir de découverte. On veut aller vers l'autre, savoir qui il est, on saisit qu'être dans son entourage apporte indéniablement une sensation de bien-être et de joie.

Faut-il tenter de garder cette orientation, ce feu ? Ou bien celui-ci est-il lié essentiellement au début d'un amour ? En est-il la marque exclusive ? En fait, il est essentiel de comprendre que l'amour a des saisons et que le début ne peut pas ressembler à ce qui s'organise relationnellement à partir de lui. Cette compréhension permet au couple de pouvoir mettre en place une évolution qui tient compte du temps et de ses aléas, et aussi de remettre constamment le couple en question. Ceci oblige au dialogue, à l'entente, à la nécessité de ne pas se laisser dépasser par l'ordinaire et le circonstanciel afin de gravir une à une les marches de la maturité.

Une aventure relationnelle

Le couple a une dimension directement thérapeutique. Il est là pour aider, soigner, réconforter, rassurer, grandir... Pour que toutes ces fonctions soient équilibrées les unes par rapport aux autres, il est important de mettre en place cette vigilance dont je parlais tout à l'heure. Vigilance qui n'est pas une façon de plus d'intellectualiser le couple, mais plutôt d'accepter que la parole circule et qu'elle y soit prégnante et féconde. Il n'y a pas de couple réussi sans parole, sans échange, sans ouverture de l'un à l'autre.

Ce qui est une aventure amoureuse dans l'orée de la relation devient une aventure relationnelle et humaine dans sa continuité. Pour cela, il faut une disposition d'esprit incroyablement nettoyée des demandes impossibles et apprendre à faire le deuil des images idéalisées de l'autre.

Un couple épanoui, c'est la fin du Prince Charmant et de la reine absolue. C'est la fin du modèle parental comme seule référence. C'est aussi la fin de la demande de réparation faite à l'autre et la reconnaissance du travail nécessaire à faire l'un comme l'autre sur soi-même. Lorsque je dis que le couple a une dimension thérapeutique, c'est pour indiquer la fonction éminemment équilibrante dans le fait de partager sa vie avec quelqu'un d'autre. Cela ne remplace en rien un travail psychothérapeutique personnel. Bien au contraire, cela le permet, l'indique, l'oriente.

Tous les travers du couple, ce qui place la relation à deux dans l'impasse et l'insatisfaction, permettent, pour peu que la vigilance opère, de se rendre compte de la nécessité de mieux se comprendre individuellement et d'apprendre à évaluer seul sa propre histoire et comment s'en détacher pour revenir plus libre, plus serein dans son couple.

Le couple est un refuge. Comme tout refuge, il protège, mais aussi il isole du monde extérieur. Le couple peut être à la fois une conquête du monde et une sclérose. Placer la relation à deux sur son versant le plus dynamique, c'est prendre le refuge comme protection, mais aussi s'en servir comme ouverture vers le monde. Là encore, la parole est utile, car non seulement elle sert à dire l'amour, la joie et les difficultés, mais elle a aussi comme fonction de parler du monde au sein même du refuge amoureux, à deux.

Est-ce que la parole est la même pour l'homme que pour la femme ? Est-ce la même chose qui a besoin de se dire ? Est-ce que cela se dit avec le même langage ? À vrai dire, la réponse à ces trois questions est la même : non ! Y aurait-il malentendu ? Non plus, car ces différences entre les hommes et les femmes sont inhérentes à deux structures dissemblables qui ont choisi longtemps de ne pas se comprendre et qui peuvent aujourd'hui aller l'une vers l'autre. L'homme et la femme parlent un langage différent, mais ces deux langues sont complémentaires pour peu qu'elles soient reçues et entendues sur le terrain de l'équité et du partage.

Le terme de « privatisation du couple » entraîne l'idée que la rencontre de l'un à l'autre se fait dans un lieu où le secret existe, bien sûr, mais aussi la responsabilité et la maturité. Le couple n'a plus de comptes à rendre aux structures familiales. Il a devant lui tout l'espace de liberté pour exister et croître. Même si certains se trouvent encore engoncés dans l'emprise du diktat familial, force est de constater la progression immense engagée vers une plus grande indépendance de la notion de couple dans nos sociétés occidentales industrialisées.

C'est le début d'un mouvement dont nul ne sait ce qu'il va produire. La référence exclusive à l'hétérosexualité du couple, indéboulonnable il y a encore vingt ans, est en train de voler en éclats, la place de l'enfant est repensée, les relations hommes/-femmes se rééquilibrent... bref, un changement notoire et sensible s'opère. Il n'y a pas à proprement parler de crise du couple. Il y a plutôt crise de l'ancien modèle. Et c'est cela qui peut poser problème. Autrefois, on se parlait moins. Il faut maintenant se parler plus... et mieux ! Autrefois, les enfants devaient remplir les missions proposées par les parents. Il faut maintenant tenir compte de leurs avis, de leurs préférences... de leurs personnalités ! Autrefois, la femme n'avait pas de sexualité. Maintenant, il paraîtrait qu'elle a aussi des orgasmes !

Nous sommes dans une période de transition où tout est à inventer et à découvrir, même les erreurs. Ceci devrait nous rendre attentifs, perspicaces, curieux...

D'eux à eux

Pour clore ce chapitre, voilà trois portraits, trois témoignages. Ceux-ci ont pour vertu de donner la place à la possibilité du couple dans des vécus contemporains, précis.

Nadia ou le deuil du Prince Charmant

Nadia est une jeune femme de 35 ans, belle, séduisante et qui paraît à l'aise dans son corps. Nul ne pourrait penser en la voyant combien elle a pu être en souffrance dans son rapport à l'amour. Nadia a eu une vie amoureuse que l'on pourrait qualifier de difficile. Pendant plusieurs années, son histoire relationnelle a été marquée par le même schéma : espoir/déroute/somatisation. Chaque nouvelle rencontre laissait se profiler une possibilité de bonheur et d'épanouissement. Les hommes qu'elle rencontrait étaient charmants, drôles, aimants.

Puis, la relation avançant, les détériorations se sont mises en place : incompréhension, violences verbales, difficultés sexuelles. De fait, la rupture intervenait de manière inéluctable et le cortège des somatisations arrivait ensuite avec notamment deux facteurs importants : état dépressif et dermatoses. De l'âge de 20 ans à celui de 30, ce ne fut que cela. La marque des échecs s'est inscrite de plus en plus sur la peau de Mathilde.

Elle a entrepris une psychothérapie pour comprendre, saisir ce qui dans son histoire pouvait donner une explication à une reproduction de schémas aussi systématique. Les pistes prises se sont avérées intéressantes, profondes et lui ont permis d'établir une connaissance d'elle-même qu'elle n'aurait bien entendu pas soupçonnée sans ce travail psychothérapeutique. Mais les relations difficiles continuèrent, et même si elle arrivait à prendre plus de recul face à un « échec », il n'en restait pas moins que son bonheur relationnel battait de l'aile.

Que manquait-il à Nadia pour être heureuse ? En fait, Nadia a fini par se poser la question de ses attentes. N'avait-elle pas mis la barre trop haute ? N'attendait-elle pas un Prince Charmant idéal ? Celui-ci ne se trouvant pas dans la réalité, n'avait-elle pas une impossibilité chronique à en faire le deuil ? Voulait-elle vraiment un enfant comme elle le disait aux autres et à elle-même ? À partir de ces questions (et de beaucoup d'autres !), Nadia a commencé à se remettre en cause et elle a cessé de croire que son malheur pouvait être dû à une fatalité extérieure ou aux autres.

Nadia s'est recentrée sur elle-même. Elle a pris son destin en main. Elle s'est responsabilisée dans son rapport au monde, aux autres, à elle-même. Nadia a aussi interrogé son fonctionnement sexuel pour comprendre. Elle n'a jamais eu d'orgasme, qu'elle que soit la qualité de sa relation avec un homme. Elle a tenté des expériences sexuelles à plusieurs, a eu quelques relations avec des femmes, a beaucoup pratiqué l'autoérotisme... L'accès à l'orgasme lui a toujours été interdit. Nadia s'est posé la question de savoir ce que son corps voulait lui dire en restant muet quant à la possibilité d'éprouver une jouissance forte. Elle s'est rendu compte que finalement, elle espérait un enfant pour résoudre ses problèmes et que seul celui-ci pouvait la sauver.

Lorsque Nadia, à partir de sa psychothérapie et de ses investigations personnelles, a accepté de faire le deuil de « l'enfant-sauveur », les choses ont commencé à aller mieux pour elle. Puis elle a rencontré un homme avec lequel elle a appris à lâcher prise, à ne plus chercher à faire correspondre ses images intérieures avec sa réalité et à accepter que la vie pouvait être faite de surprises continuelles. Nadia est entrée dans cette nouvelle vie sans crispation, sans espoir démesuré, juste en acceptant ce qui est, en le regardant, en le faisant fructifier pas à pas, jour après jour. Elle s'est ouverte au monde.

« J'ai l'impression de dire merci à la vie »

Nadia, 35 ans

« Avant, je n'aimais pas sortir et voir du monde. Les soirées entre amis, j'y allais, mais toujours en traînant les pieds. Je savais que j'allais m'y ennuyer. Soit parce que j'étais seule, soit parce que j'aurais préféré passer ces moments-là avec mon compagnon. J'étais agressive, hautaine, silencieuse. Mes amis d'ailleurs me le reprochaient fréquemment.
J'avais souvent l'impression que mon mal-être pouvait se voir et que chaque pore de ma peau transpi-

rait la déconvenue et le malheur. Alors, je cachais cela sous des attitudes peu amicales.
Maintenant, je m'aperçois de la différence. Depuis que je connais Fred, les choses sont plus simples. J'aime qu'on me voie avec lui parce que je me sens heureuse et que je veux que les autres soient témoins de cela !
J'ai l'impression de dire merci à la vie et je voudrais partager cette reconnaissance non seulement avec mes amis, mais aussi avec les autres êtres humains. Je vais plus au cinéma, au théâtre, au restaurant. Mon regard est moins centré sur moi-même. J'ai l'impression de voir mieux et plus ! »

Ce que traduit Nadia, on le retrouve aussi chez Mathilde.

Mathilde : de l'amour à deux à l'amour des autres

« Nous sommes plus ouverts au monde »

Mathilde, 37 ans

« Pour moi, l'amour est une évidence. Ce que j'apprécie, c'est que l'on n'a rien à expliquer ou à démontrer. J'ai vécu beaucoup d'événements difficiles et j'en vis encore, mais mon histoire actuelle m'aide à relativiser, à prendre des distances.
Je ne suis plus dans l'intellectualisation, je ne cherche plus à définir l'amour. Toutes les définitions ne prennent pas en compte les sensations physiques

et spirituelles qui sont les miennes. Amour et définitions ne vont pas ensemble !
Je m'aperçois maintenant à quel point l'amour dans mon couple m'ouvre vers l'extérieur. Je sens que l'amour n'a de sens, justement, que s'il se devine, s'il se voit. Nous sommes lui et moi deux énergies, deux étoiles qui fusionnent et la force va à l'extérieur et l'extérieur peut en profiter !
Le bonheur est contagieux. Nous sommes plus ouverts au monde. Si on garde tout pour deux, on étouffe. La beauté de ce que je vis doit servir aux autres. Je crois qu'à 18 ans je n'aurais pas pu dire tout cela. Mon amour actuel est lié aussi à ma maturité. À 18 ans, on cherche trop de choses chez l'autre. Aujourd'hui, j'ai moins d'attentes. Je suis aussi plus indépendante.
Avant, la sexualité venait d'abord comme premier élément constructif d'une relation avec un homme. Maintenant, l'amour est présent et ensuite vient le sexuel. Il est la résultante de l'amour et, très étrangement, il devient beaucoup plus intéressant ! »

Le témoignage de Mathilde est exemplaire, car il apporte, en contrepoint de l'histoire de Nadia, la confirmation que l'amour à deux est une porte ouverte sur l'amour des autres ou, en tout cas, sur la volonté d'aller vers les autres. Que nous disent Nadia et Mathilde, si ce n'est l'affirmation que de deux à eux il y a un chemin évident. Enfermer son amour pour l'autre dans un château – aussi beau soit-il – est un leurre et un emprisonnement psychique et physique.

C'est aussi ce que Philippe a compris.

Philippe ou le risque pris à deux

Philippe, comme Nadia et Mathilde, est quelqu'un qui a moins de 40 ans. Lui aussi a cherché pendant de nombreuses années l'âme sœur avec laquelle il pourrait réparer définitivement ses blessures de l'enfance. Il n'y est jamais parvenu. Jusqu'au jour où il a rencontré Armand.

« L'univers tout entier peut m'appartenir ! »

Philippe, 39 ans

« Armand, ce fut la révélation ! D'une part, j'assumais enfin mon homosexualité et d'autre part, j'acceptais d'être vraiment aimé différemment de ce que j'attendais. J'avais sans m'en rendre compte une vision très nette de comment je devais être aimé et compris pour pouvoir être heureux. Sans cela, rien de possible !
Et puis Armand est arrivé avec son naturel, sa franchise. Il m'a dit "Philippe, je t'aime. Je sais que j'ai des défauts et des problèmes, mais c'est avec tout cela que je t'aime. Prends tout cela et avançons ensemble. Progressons ensemble !"
Cette notion de progression commune m'a dérangé et puis m'a enthousiasmé. Je me suis rendu compte que rien n'était figé, que tout pouvait se discuter, voire se négocier et que pour vivre pleinement, il fallait accepter de prendre des risques ! Et que là, les risques, nous allions les prendre à deux !
J'ai présenté Armand à mes parents, je les ai affrontés. J'ai admis qui je suis et depuis, j'ai l'impression que l'univers tout entier peut m'appartenir ! »

Ces trois témoignages vont dans le même sens, ils disent que l'amour de l'autre produit le besoin de découvrir ce qui existe au-delà de la sphère relationnelle qui va de l'un à l'autre. L'univers appartient à Philippe comme il peut appartenir à tout un chacun. Ce qu'ils disent aussi, c'est la nécessité, à l'intérieur même de la relation, d'accepter que l'autre soit différent de soi et surtout différent de l'image idéale que l'on en avait. Ainsi, c'est l'insatisfaction même qui devient moteur de la relation.

Le monde est vu différemment parce qu'on est soi-même différent. Magnifié par la relation d'amour à l'autre.

IV

Aimer les autres

« Ce que nous pouvons apporter de plus précieux, c'est la profondeur de notre présence, la finesse de notre attention à l'autre.

C'est être là, sans jugement, sans attente particulière. Cela peut paraître simple, et cela l'est, en effet, mais l'accès à cette qualité d'écoute n'est pas si aisé qu'on l'imagine. La bonne volonté ne suffit pas, car les meilleures intentions masquent souvent un projet pour l'autre qui entrave notre écoute.

Plus notre présence est transparente, plus l'autre a de l'espace pour s'exprimer, pour être.

Qui sommes-nous, en effet, pour prétendre savoir ce qui est bon pour l'autre ?

Ainsi avec le recul et l'expérience, je pense que plus on approfondit la qualité de sa présence inconditionnelle, plus on permet à l'autre de se transformer, d'évoluer sur son propre chemin. »

Marie de Hennezel, *(La Mort intime)*

Il est plus structurant d'aimer les autres que de les détester, car l'amour des autres permet d'entrer dans des relations équilibrantes et surtout valorisantes. Pourtant, les autres sont souvent ressentis comme des intrus, venant nous déranger par leurs demandes ou les obligations que nous avons vis-à-vis d'eux. Qui sont exactement les autres ? Une masse indistincte d'êtres humains ? Ou bien sont-ce quelques autres bien précis ?

À vrai dire, il est ardu d'aimer tous les autres. On choisit plusieurs catégories d'autres. Ceux-ci forment un cercle élargi d'individus que nous côtoyons sans trop les connaître intimement. C'est cela que raconte alors la notion d'amour des autres : l'élargissement de ce cercle pour entrer dans une intimité partagée avec un plus grand nombre.

Les autres, nous les rencontrons dès notre entrée à l'école. Ils forment une cohorte qui, petit à petit, se range en plusieurs catégories : les amis, la famille, les collègues, les voisins... Lorsque nous arrivons à mettre en place cette familiarité particulière avec eux, nous entrons dans un partage qui donne la sensation que la notion de famille s'est élargie.

L'amour des autres et le modèle familial

« Dans l'histoire du monde, la famille vient avant le clan, le clan avant la tribu, la tribu avant le peuple. »

Boris Schreiber *(Un silence d'environ une demi-heure)*

La notion de famille a évolué. Si l'on se réfère à son étymologie, on s'aperçoit que la racine du mot « famille » vient du latin *familia* qui lui-même vient de *famulus*, c'est-à-dire serviteur ! Étymologiquement, on pourrait traduire la famille par le groupe des serviteurs et des esclaves vivant sous le même toit ! De nos jours, il n'est plus question de castes et de familles dévouées à un maître, mais plutôt d'un groupe (même restreint à trois personnes) cohabitant et coopérant ensemble.

Comme le dit Walrond Skinner[1], la famille est « un système social naturel ». La famille est un système équilibré de communications, d'interactions et de relations. Elle a ses lois implicites, sa dynamique et sa régulation. Elle tend aussi à maintenir son homéostasie. Celle-ci est constituée par la nature des relations, mais aussi par la culture, la religion, la place du père... autant d'éléments permettant à la famille d'asseoir son existence et sa pertinence. Si cette pertinence permet l'ouverture vers l'extérieur dont nous parlions plus haut, place est faite aux autres et à la possibilité de les accepter, de les intégrer voire de les aimer.

Nous ne pouvons pas ignorer la présence des autres. Elle nous est constamment rappelée. Dans un monde où les réseaux d'informations se sont considérablement développés, il devient impossible de ne pas savoir que les autres existent et que nous sommes en lien avec eux. Téléphones portables, télévision, Internet, intranet, courrier, courriel... autant de mots, autant d'allusions à la présence visible ou invisible de l'autre dans son propre environnement. Qui sont ces autres ? Des humains comme nous qui se cherchent et qui veulent communiquer, c'est-à-dire dire un peu d'eux-mêmes à l'autre, aux autres. Les formes d'échanges sont diversifiées : elles vont de la simple information temporelle et spa-

---

1. *In* Boris Schreiber, *Un silence d'environ une demi-heure*, Gallimard, 1998.

tiale (« Je serai là-bas à cette heure précise ») à des aveux plus profonds (« Je ne l'ai jamais dit, mais j'ai vécu une expérience effroyable... »).

Cette présence des autres, parfois envahissante, parfois rassurante, crée des entrelacs subtils, des réseaux, des lignes de communication dont la déclinaison et la compréhension sont infinies. C'est la notion de groupe qui est à prendre en compte. Plus encore, la notion de l'individu face aux autres. La prise de conscience qu'être un homme, c'est être un homme social.

La famille

Lorsqu'au seuil de la fin de sa vie on pose son regard sur les relations multiples, diverses, nombreuses qui ont parcouru les étapes de son voyage, on s'aperçoit qu'une multitude d'autres nous ont accompagnés. Ces formes relationnelles sont particulièrement hiérarchisées et créent une éloquence. De la personne croisée au cours d'une promenade en forêt et dont on garde le souvenir des années durant, à sa conjointe, ses enfants ou ses parents, figures omniprésentes physiquement et affectivement, la galerie est étonnante et vivace.

S'il y a un lieu où l'on apprend la présence des autres, c'est bien au sein de la famille. La famille est le creuset qui permet à toutes et tous d'expérimenter ce que sont les autres. Elle est une représentation de la société. On y apprend les rôles et les fonctions de chacun. De la manière dont se détermine la place d'un père ou d'une mère dépendra l'attitude future de l'enfant lorsqu'il sera parent à son tour. Plus encore, c'est le vécu des interrelations qui conditionne et influence les comportements. Bien entendu, la circulation au sein de la famille donne sa saveur aux amours à venir. « Dis-moi comment on s'est aimés dans ta famille, je te dirai comment tu aimes ! »

« Peu d'échanges, peu de mots et aussi peu d'aveux d'amour »

Frédéric, 51 ans

« Dans ma famille, on ne se touchait pas. C'est à peine si on osait se regarder. J'ai vécu ces situations catastrophiques des repas pris devant la télévision. Peu d'échanges, peu de mots et aussi peu d'aveux d'amour. Lorsque j'étais enfant, ma mère venait me lire une histoire, comme l'on fait avec n'importe quel enfant, me semble-t-il. J'étais heureux, je souhaitais que cela ne finisse pas ! Et lorsque ma mère, fatiguée, partait, je tendais désespérément mes bras et ma bouche… pour ne recevoir qu'un baiser distant sur le front !
Rien que d'évoquer cela, je suis triste. Je crois qu'il y avait de l'amour, mais je n'en suis pas si sûr ; n'en ayant jamais eu la preuve ! Aujourd'hui, je suis tiraillé entre l'envie de dire "Je t'aime" à mes deux enfants et l'impossibilité de le faire. J'aurais l'impression en répondant à mes pulsions d'amour de faire quelque chose d'interdit, voire même de trahir mes parents ! »

Autant le besoin d'amour à l'intérieur de la famille est important, le témoignage de Frédéric en est un exemple, autant il est essentiel d'analyser comment tout ce qui est extérieur à la famille est inclus dans le climat familial. Pour que l'on puisse à l'âge adulte entrer en relation et en amour avec les autres, il est nécessaire d'avoir dès le plus jeune âge expérimenté le monde et son fonctionnement à l'intérieur du cercle restreint et symbolique de la famille.

Habituellement, on connaît le monde, dans les familles, par l'intermédiaire de la télévision. Les guerres, les conflits, mais aussi les autres pays et leurs coutumes sont racontés et saisis ainsi. Souvent, la parole télévisuelle est prise pour « argent comptant ». Ce n'est pas suffisant, car il est important également d'en parler ensemble au sein même de l'espace familial afin de parler du monde, de deviser, d'échanger sur ce que l'on a vu ou ce que l'on a cru voir.

L'acceptation des autres ne se fait pas qu'ainsi. Ce que montre la télévision, ce sont les autres lointains et non les autres proches. Ceux-ci s'appellent les voisins. Il est hélas devenu commun de dire que l'on ne fait pas attention à ceux qui habitent près de nous. Il faut même créer des fêtes officielles pour s'ouvrir enfin aux autres proches, manger ensemble, échanger... En fait, ce qu'apprend l'enfant puis l'adolescent auprès de ses parents, c'est comment on peut être en convivialité avec les autres et surtout ce que veut dire ce mot.

Entrer en convivialité

La convivialité est une manière ouverte et joyeuse d'être avec les autres. Il ne s'agit pas seulement du fait de partager un repas ensemble, c'est aussi l'ensemble des comportements et des attitudes que l'on adopte. En fait, c'est tout l'inverse de la fermeture à l'autre. Entrer en convivialité, c'est affirmer la solidarité. C'est se renseigner, œuvrer pour le bien-être des autres, c'est se situer dans une proximité relationnelle et laisser les échanges et les partages circuler librement. Lorsque la cellule familiale joue ce rôle de convivialité vis-à-vis du voisinage, il se met en place des habitudes comportementales donnant la possibilité au cercle intime de devenir un cercle élargi.

L'un de mes patients, Georges, souffre d'une incapacité à supporter le conflit. Il vient consulter pour cela. Après plusieurs séances, il commence à établir des liens avec sa vie familiale, son enfance et l'atmosphère dans laquelle il a baigné tout petit.

> **« On ne recevait personne à la maison »**
>
> *Georges, 31 ans*
>
> **« Je me rends compte que mon père ne parlait pas et que ma mère était très secrète. Tout était dans le non-dit. Dès qu'il y avait un problème, mon frère et moi nous faisions en sorte de ne pas le dire et de régler les choses nous-mêmes de peur de froisser nos parents.**
> **On ne recevait personne à la maison. Je garde une impression terrible de froid et de repli sur soi. Aujourd'hui, j'ai les pires difficultés à dire non et à m'affirmer. Je n'aime pas la compagnie des autres et je dois faire des efforts énormes pour sourire et parler lors des cocktails ou des soirées entre amis. Cela va être dur d'apprendre à aimer les autres ! »**

On voit combien le modèle social parental a une influence considérable sur les attitudes adultes. Les conflits que Georges tente de contourner sont liés à sa peur de « déranger » ses parents, de leur faire du mal si on pousse la réflexion un peu plus loin. Il se fait mal à lui-même comme s'il avait introjecté les attitudes parentales et les avait fait siennes.

La famille est un lieu d'apprentissage. Son organisation aide l'enfant à comprendre ce que c'est qu'être un avec les autres. Les prises de responsabilités, les obligations, les échanges qui s'y déroulent constituent le terreau à partir duquel la citoyenneté se construit. L'amour des autres trouve ou ne trouve pas sa place à partir de cela. Il ne s'agit pas de classes sociales. La fraternité relationnelle peut exister dans des milieux dits défavorisés. Parfois, elle y existe plus que dans des milieux aisés.

Ce que construit la convivialité, c'est une confiance dans les relations humaines. Souvent, la frilosité prévaut et on préfère s'enfermer chez soi plutôt qu'inviter l'autre à participer aux agapes. Cela se traduit par une méfiance alors que la convivialité simple, directe et sans calcul fait le lit de l'amour des autres. Il s'agit d'une culture familiale. D'une manière de laisser se tisser des liens avec les autres sans que ceux-ci ne mettent en cause ou en péril les liens particuliers à la famille.

La place directe de la culture y est importante, car la culture représente aussi une façon de créer des enjeux qui ouvrent sur l'extérieur. Aller au cinéma, au théâtre, voir des expositions et en parler dans le cadre du cercle familial est une façon d'apporter le monde dans l'univers nucléaire familial. Comme le dit le psychothérapeute Antoine Alaméda[1] : « La pathologie ne naît pas de la marginalisation familiale, mais de son vide culturel. » La culture permet d'unifier les groupes sociaux et participer de façon large et curieuse à la culture est une manière de mettre la famille au sein

1. Antoine Alaméda, *Les 7 péchés familiaux*, Odile Jacob, 1998.

de la culture, du monde et du rapport aux autres. Cela construit l'amour des autres, il n'est pas à en douter !

La famille est aussi, nous le savons, un lieu de difficultés, d'angoisses et de pathologies. Antoine Alaméda[1] parle de sept péchés familiaux majeurs empêchant la famille de pouvoir jouer un rôle structurant pour l'individu et ainsi lui permettre une inscription structurée dans le corpus social. Il s'agit des échecs scolaires, des atteintes psychosomatiques, des violences, des incestes, des ruptures, des deuils et des problèmes d'argent. La façon dont une famille va vivre avec ces problématiques aura une influence indéniable sur les développements psychoaffectifs des enfants et des parents. Ce sont une gestion affective et une métabolisation intelligentes qui permettront ou pas le dépassement de ces problèmes et leur intégration à de meilleures relations ouvrant le champ des relations affectives sociales et de l'amour possible (ou pas !) des autres.

Les péchés dont parle Antoine Alaméda sont aussi des secrets et les marques d'une maladie inconsciente de la famille. Chaque membre porte en lui cette maladie et ces secrets et, parfois, la pathologie s'incarne plus précisément sur l'un des membres plutôt que sur un autre. La famille est un corps et chacun de ses membres représente symboliquement un organe, une partie du corps avec sa symbolique, son rôle et sa fonction. On peut dire que si le « corps familial » est en bonne santé, il acceptera sans problème la présence et l'échange avec d'autres corps sans que cela ne remette en question son organisation propre.

---

1. *Op. cit.*

Apprendre à aimer au sein de sa famille permet d'élargir le cercle intime et d'y accepter les autres. C'est d'ailleurs ce qui se met en place dans les premières aventures amoureuses de l'adolescence. On apprend à aimer un étranger ou une étrangère comme on pourrait le faire dans le cadre de la famille. Ainsi, on élargit le cercle, on le dynamise, on l'enrichit.

L'exemple parental influence beaucoup les enfants. La façon dont un père et une mère exposent leur amour aux yeux de leurs enfants dit beaucoup de ce que peut être l'amour. Les mains tenues, les baisers échangés, les regards soutenus, les mots d'amour parentaux donnent une marque indélébile d'un amour possible. La sphère adulte et parentale institue auprès des enfants une façon d'être en amour qui modélise et affecte de façon durable les comportements à venir. Il ne s'agit pas de dire que les enfants agissent exactement comme les parents et reproduisent en « copier-coller » les gestes parentaux, mais plutôt de souligner à quel point les émotions suscitées par les attitudes parentales constituent des patterns à partir desquels se construisent les aspirations amoureuses des enfants, futurs adultes.

« Je sens bien que ce modèle est structurant pour moi »

Ysaël, 22 ans

« J'ai vu mes parents s'aimer et je les vois encore. Ils sont amoureux, c'est sûr, et depuis toujours. Je ne doute pas qu'ils aient rencontré des difficultés relationnelles. Je me souviens encore d'éclats de voix et de prises de becs. Mais ils venaient toujours, après les tempêtes, nous voir et nous expliquer que nous n'étions pour rien dans leurs disputes. Cela nous

> **rassurait et les réconciliations nous permettaient de remettre tout cela à une juste place.**
> **Je voudrais vivre comme eux et je sens bien que ce modèle est structurant pour moi. Il me permet de garder une ligne de conduite et de désir qui conditionne beaucoup la façon que j'ai d'aimer un homme.**
> **Ce n'est pas lourd à porter, au contraire, c'est enthousiasmant. Je souhaite à tout enfant d'avoir constamment devant lui l'image de ses parents qui s'aiment et qui osent le montrer. »**

La famille crée ses mythes. Ceux-ci sont liés à l'histoire visible et invisible. Cette invisibilité étant liée aux substrats transgénérationnels, bien entendu. L'amour dans la famille, lorsqu'il se dit, lorsqu'il s'accompagne d'acceptation féconde des autres, crée un mythe auquel chacun adhère parce qu'il est positif et porteur de sérénité. Ce mythe familial, différent selon chaque famille, mais toujours structurant relationnellement, est ce que René Kaës appelle une « fonction mythopoétique ». Cette fonction donne un sens métaphorique et poétique aux relations humaines. Et ce qui est demandé à l'autre et aux autres dans la relation d'amour devient à la fois précis, concret et empreint d'imaginaire et de projections lumineuses.

La fratrie, un creuset

J'ai parlé de la famille comme base dans ses interrelations exemplaires de l'amour des autres. Au sein même de l'organisation familiale, il est un élément des plus importants dans la reconnaissance structurante de l'amour, c'est la fratrie : l'ensemble composé (frères et sœurs) de tous les enfants d'un couple. La fratrie, c'est aussi le lieu de l'apprentissage du partage, de la reconnaissance de l'autre comme un autre sujet à la fois en appartenance (il est de la même famille) et en différence (il est un être humain différent de moi). Cette reconnaissance se fait en général par le port du même nom et la différence s'inscrit dans le prénom.

On ne choisit pas d'avoir un frère ou une sœur. Parfois, certains enfants le demandent avec insistance, voyant ainsi dans l'arrivée d'un autre un moyen sûr de briser la solitude. Au-delà, c'est bien d'un besoin de partage qu'il s'agit. D'un partage particulier, hors du champ d'observation des parents. L'arrivée d'un autre enfant que soi dépend des parents. Ils sont les « pourvoyeurs d'enfants » ! Ce sont eux qui savent comment il faut faire ! Lorsque le petit frère ou la petite sœur arrive, c'est un autre soi qui vient là. Dérangeant au début, fascinant ensuite, puis révélant la nécessité du partage et de la construction familiale à un(e) de plus. Le frère ou la sœur aide à perdre de sa toute-puissance. Il (ou elle) aide à comprendre que l'on n'est pas seul inscrit dans l'amour des parents et que cet amour ne se découpe pas en tranches comme un gâteau, mais qu'il peut aller en s'agrandissant de plus en plus, sans aucune limite.

Avoir un frère ou une sœur oblige chaque enfant à quitter son statut d'unicité et de toute-puissance. Il faut apprendre à partager ! Même si ce partage ne va pas de soi, le fait d'apprendre à faire de la place pour l'autre permet de saisir qu'on est plusieurs et que cette pluralité permet au groupe d'exister en tant que tel.

« J'ai appris à partager par la force des choses »

Alain, 49 ans

« Je suis issu d'une famille de six enfants et j'ai appris à partager par la force des choses. Étant l'aîné, il m'a été difficile de ne pas prendre en compte les arrivées successives de mes frères et sœurs. Je les ai élevés, faisant office de second père, comme s'ils avaient été mes propres enfants. Cette situation m'a donné le sens de l'observation. Ce que j'entends par là ? Eh bien tout simplement le besoin de faire attention à l'autre, de prévoir ses besoins, d'être attentif. Ce fut, et je m'en rends compte chaque jour, un apprentissage de la vie collective extrêmement stimulant et aidant dans ma vie d'adulte actuelle. Je recherche les groupes, je suis ouvert à la collectivité. Je dirais même que je suis devenu un citoyen exemplaire grâce à cela. Je n'hésite pas à sonner chez les voisins, à parler à des inconnus, à me considérer comme un membre à part entière de la communauté des hommes. Je crois que je ne remercierai jamais assez mes parents de m'avoir offert indirectement de telles possibilités en découvrant l'amour et l'attention au sein de ma propre famille ! »

C'est ce jeu subtil entre l'appartenance au groupe famille et sa constitution personnelle d'être individuel qui permet de construire son autonomie. L'amour des parents s'édifie dans un sens vertical. Il s'agit d'un rapport à un plus grand que soi, un adulte, un géniteur. L'amour d'un frère ou d'une sœur (quel que soit l'écart d'âge) se constitue dans un processus horizontal *a priori* plus égalitaire.

Les frères et les sœurs, dans leur rapport propre, ne sont pas que la reproduction du discours parental. Ils sont un réseau de relations en lui-même où se construit aussi une dimension d'apprentissage du social. Cet apprentissage permet l'établissement d'une donnée collective importante, source d'amour des autres : la fraternité.

Des connivences particulières

Que veut dire aimer son frère ou sa sœur ? Ce qui se met en jeu dans cet amour spécifique (différent, bien sûr, de l'amour porté aux parents), c'est la mise en place de connivences particulières et surtout d'une proximité et d'une simultanéité des ressentis. Le partage émotionnel est souvent puissant et il permet de sortir de la relation « duelle » au parent du sexe opposé. La fraternité familiale agit comme un tiers qui accentue la compréhension de ce qu'est la socialisation. Les liens sont souvent durables, prééminents. La fraternité est sans conteste le creuset d'une construction identitaire. Autant on peut trouver des expressions du type « faire comme mon père ou ma mère », autant la fraternité propose plutôt : « faire avec mon frère ou ma sœur ». Cet « avec » est prépondérant, car il ouvre un champ fécond à la socialisation et à l'amour des autres.

Castor et Pollux

Dans la mythologie grecque, l'histoire de Castor et Pollux illustre cette notion de fraternité.

Castor et Pollux sont deux frères issus de parents différents. Néanmoins, ils combattent et affrontent les épreuves ensemble. À tel point qu'à la mort de Castor, Pollux (qui avait le droit à l'immortalité en tant que fils de Zeus) demanda de partager l'éternité avec son frère. Ainsi, chacun à son tour passa un jour au palais d'Hadès (les Enfers) et un jour sur l'Olympe (le paradis des dieux). Zeus plaça ensuite Castor et Pollux dans le ciel et en fit la constellation des Gémeaux. Le symbole des gémeaux représente cette complémentarité parfaite que propose la fraternité.

Une identification mutuelle

Au-delà de la ressemblance évidente se placent des notions comme la synergie, l'échange et, point d'orgue de l'amour fraternel, la reconnaissance de l'autre comme partie intégrante de soi. Au-delà de certaines ambiguïtés liées aux notions incestueuses, l'amour dans la fratrie est un apprentissage fécond des amours à venir hors du corpus familial. Bien sûr, et l'histoire de Castor et Pollux en est empreinte, se tissent des jalousies et des tiraillements relationnels. Mais la façon de les dépasser et les leçons que l'on peut en tirer prédisposent à mieux s'ouvrir aux autres.

La fratrie aide à saisir l'aspect illimité de l'amour. Sa dimension exponentielle. Elle aide aussi à saisir qu'un amour peut se nourrir d'un autre amour sans jamais l'épuiser. Un garçon, enfant unique pendant quatre ans et qui voit arriver une petite sœur, comprend au fur et à mesure du temps qui passe que l'arrivée de cette autre ne lui fait pas perdre l'amour parental et que viennent s'ajouter à ses émotions déjà fortes cet amour unique pour sa sœur et ce qu'il ressent d'un amour à venir de sa sœur pour lui-même. C'est en cela que la fratrie est un creuset, une terre immensément riche d'où peuvent jaillir les plus grands arbres et les plus somptueuses plantes. Comme Castor et Pollux, on finit par apprendre à « partager l'immortalité » sans arrière-pensée, sans attente particulière.

Cet apprentissage se construit dans une identification mutuelle. Chaque frère, chaque sœur est identifié(e) à l'autre. Cela passe par le biais de l'appartenance à la même famille, mais aussi par les ressemblances physiques, le partage du quotidien et la construction d'une histoire obligatoirement commune. Cela joue aussi avec les demi-frères ou les demi-sœurs. Il y a le même système d'identification qui crée la reconnaissance, l'adhésion à un ensemble interrelationnel riche.

Le partage des secrets

La fratrie peut-être aussi une source de conflits et de douleurs importants. La haine fraternelle existe et elle fait des dégâts considérables. Mais ces dégâts sont à la mesure de l'attente inconsciente de chacun. Nous savons l'immense réservoir d'énergie que représente une fratrie. Lieu d'histoires, de mythes, de non-dits qui peuvent briser et détruire, mais qui peuvent également, à partir de ces mêmes données, créer une connivence à être ensemble à nulle autre pareil.

Connivence veut dire « partager ensemble un même secret », et c'est cela que porte la fratrie dans l'édification des amours fraternelles : le partage du secret. Tous ces moments particuliers sous un drap, au coin d'une rue ou bien à la terrasse d'un café où chacun avoue à l'autre ce qu'il sait ou ce qu'il a vu ou interprété d'un épisode de la vie commune ont un parfum suave qui donne un sens à la communion et à l'échange intime. C'est dans ces moments-là que l'on a l'impression à travers les mots d'un frère ou d'une sœur de saisir les mystères du monde et surtout de les partager !

Comprendre que l'amour peut être vivant dans une dimension non sexualisée. Ce que donne à comprendre la découverte de la notion d'amour dans la fratrie, c'est la possibilité de vivre cette émotion en dehors du cercle familial. Ce que l'autre est venu puiser en soi et ce que l'on a saisi en lui et qui nous fait dire : « J'aime mon frère ou ma sœur », ce sentiment – dès qu'il s'ouvre vers les autres – crée une fraternité qui n'est ni de clan ni de secte. Il s'agit de fait de pouvoir aimer l'humain que l'on a en face de soi comme un frère, comme une sœur. La fratrie permet ce déclic, offre la certitude que cette décision sera suivie d'un bonheur réel et d'une satisfaction forte.

De la fratrie à la fraternité

Faire de l'amour fraternel un modèle et un élan vers la fraternité humaine n'est pas qu'un vœu pieu ou qu'une utopie. Pour que cela prenne sens, il est nécessaire, comme dans la famille, de créer des liens d'appartenance. Quelqu'un qui sortirait de chez lui et qui irait vers n'importe quel individu passant dans la rue pour l'enlacer et lui déclarer son amour fraternel serait considéré comme fou ou, à juste titre, comme intrusif !

La fraternité humaine, élargissement de la fratrie familiale, se construit dans la recherche d'une indépendance établie avec les autres et cela passe principalement par le travail. Quitte à paraître rétrograde en ne privilégiant pas la paresse, il me semble que le lieu où les hommes se retrouvent le plus, c'est lorsqu'ils ont une tâche commune à effectuer. Cette tâche je l'appelle ici travail, non pas dans le sens de l'entreprise d'aujourd'hui, mais dans celui de quelque chose à faire ensemble, à entreprendre ensemble afin de se reconnaître et de devenir autonomes les uns vis-à-vis des autres, tout en restant en appartenance. Être en appartenance permet de situer à sa juste place le fait de bâtir avec d'autres et de partager avec eux une passion, un désir, un rêve. Affirmer, comme beaucoup le font de nos jours, le besoin d'individualisme équivaut au bout du compte à une exclusion de l'autre. Plutôt que la recherche du repli, je préfère la conquête d'un effort à faire ensemble, car cet effort est porteur d'un projet qui met les autres au centre de ses préoccupations personnelles.

L'idée d'y perdre sa personnalité est fausse. La personnalité se construit dans le contact, la confrontation, les difficultés, l'engagement avec les autres et c'est dans le dépassement et la résolution de ces problématiques que l'être se définit. Aimer les autres n'est pas nécessairement fraterniser avec la terre entière, qui que ce soit et où que soit l'autre, c'est – et le mouvement nous paraît autrement dynamique – plus encore, développer son appétence à faire avec les autres.

Le concept de la persona

Qu'appelons-nous « faire avec les autres » ? Carl Gustav Jung a développé le concept de *persona*. La racine grecque du mot désigne le masque, d'où l'idée du personnage tel qu'on peut l'entendre dans les arts scéniques. Pour Jung, la *persona* correspond aux comportements que nous développons avec les autres et surtout à l'aspect falsifié de ceux-ci. Il s'agit des apparences que nous mettons en place pour mieux cacher notre véritable identité. Un travail approfondi sur soi et ses relations avec les autres permet de saisir ce qui est en jeu dans l'expression de sa *persona* et pourquoi elle se manifeste de telle ou telle manière.

Comprendre la façon dont on se montre permet de saisir ce que l'on cherche à cacher.

Aller vers les autres pour accomplir avec eux un acte de création, par exemple, demande de la part de chacun une construction de sa solidarité. Être solidaire afin de ne pas être solitaire. Œuvrer ensemble, découvrir, construire ensemble. Tout ce qui permet de s'associer donne de la place pour un échange fécond de l'un à l'autre. C'est cela faire ensemble, et pour y parvenir dans une dimension d'amour, il est urgent de quitter la *persona* et d'être avec l'autre au plus près de sa vérité profonde. Cela oblige à se montrer, à se dévoiler et dans cette décision même résident les secrets d'une véritable rencontre avec les autres. Entrer en fraternité, c'est aussi entrer en amitié. C'est saisir les sens multiformes de ce que peut être l'amour des autres.

Faire ensemble, c'est se donner la possibilité d'un partage des imaginaires. C'est donc mettre en place des réseaux de communication à la fois conscients et inconscients au service d'un but ou d'une cause. Les organisations qui tendent à réunir les hommes et à diriger les énergies vers un objectif collectif créent des besoins communs autour desquels s'organise une nécessaire solidarité.

S'aimer les uns les autres tel que le propose la religion catholique n'a aucun sens sans la construction commune, sans une mise en commun des désirs. Jean Giono disait : « Ils bâtissent avec des pierres et ils ne voient pas que chacun de leurs gestes pour poser la pierre dans le mortier est accompagné d'une ombre de geste qui pose une ombre de pierre dans une ombre de mortier. Et c'est la bâtisse d'ombre qui compte. » Oui, c'est de cela qu'il s'agit : accorder les ombres et les lumières des uns et des autres, des uns aux autres, pour construire ensemble un édifice où chacun se reconnaît dans le geste de tous. Où chaque ombre individuelle se retrouve dans l'ombre collective.

Il n'y a pas une perte de soi, répétons-le, mais bien plutôt une responsabilité qui prend place et active les relations dans un sens égalitaire de reconnaissance. Dans ce partage des imaginaires, on est acteur de ses relations avec les autres. On est libre de donner ou de prendre. On le fait en pleine conscience. On accepte également d'être en dette vis-à-vis des autres, car si l'on joue sa partition à merveille, celle-ci est toujours inscrite à côté de celles des autres. Cette mise en dette n'est pas un problème à partir du moment où l'on a la possibilité d'honorer ce que l'on doit. « Payer » signifiant être ce que l'on est, pleinement débarrassé des habits trop étroits de la *persona*.

Camille, 29 ans, fait partie d'un groupe de musique. Elle joue de la musique en amateur et partage avec quatre de ses amies filles la même passion pour la musique rock.

> « Avec elles, je ne cherche pas à me travestir »
>
> *Camille, 29 ans*
>
> « J'attends les soirs de répétitions avec impatience. On ne se voit pas en dehors de ces soirs-là, et à chaque fois c'est une vraie fête. Il y a vraiment un grand respect entre nous et, aussi, je dois le dire, une espèce de folie qui nous prend dès qu'il s'agit de parler musique ou d'en faire ! C'est l'amour de la même musique qui nous réunit. Et cet amour partagé crée de l'amour entre nous ! Je ne sais pas comment expliquer cela. Quand j'ai des bleus à l'âme, je pense aux filles, aux répétitions ou aux petits concerts que nous donnons

dans les cafés et je suis aux anges ! Tout s'éclaircit ! Tout va mieux ! Avec elles, je ne cherche pas à me travestir. Je suis comme je suis. Si je suis triste, je le dis et le fait de le dire fait disparaître la tristesse ! C'est impressionnant comme j'ai besoin de cela pour vivre mieux. Et pourtant, je ne suis pas accro comme on dit. Je suis juste heureuse de chanter et de voir dans les yeux des filles le même plaisir et le même rire intérieur ! »

L'amitié

« L'amitié totale est universelle. Et seule l'amitié universelle peut être une amitié totale. Tout lien particulier manque de profondeur, s'il n'est ouvert à l'amitié universelle. »

Jean Guitton *(Mon testament philosophique)*

La fratrie prépare à la fraternité et la fraternité prépare à l'amitié. Dans ce chemin que fait un être humain pour saisir l'essence de ce qu'est l'amour, la place de l'amitié est prépondérante. Pourtant, l'amitié est une forme de relation fort décriée. Soit on part du principe que toutes les relations durables sont suspectes, soit on est dans le registre qui consiste à ne jamais se livrer, ni donner sous peine d'être systématiquement déçu. Alors, être en amitié pour quoi faire ? J'aurais tendance à répondre : « Justement pour comprendre l'amour ! »

Tout comme la fratrie permet d'accéder à un amour désexualisé, l'amitié soutient l'idée d'une relation forte et pérenne sans obligatoirement la fusion. Le mot « amitié » vient du grec *philia* et regroupe deux sens différents : d'une part, l'affection qui unit deux personnes qui se sont choisies et d'autre part, les liens qui unissent les habitants d'une même cité. En somme, d'un côté l'amitié privée et de l'autre l'amitié civique.

La confusion est souvent faite entre l'ami, l'allié et le compagnon. Le compagnon est « choisi » par hasard au fil des événements et des rencontres. L'allié est là par intérêt. Un partage de besoins et d'objectifs concrets amène à déterminer ses alliés. Dans l'amitié, c'est la liberté qui doit prévaloir. Là où la notion d'amitié trouve toute sa pertinence, c'est aussi dans le fait qu'il y existe une part de mystère. On est deviné par l'autre parce qu'on est choisi réellement par l'autre. Ce choix est fait de raison et d'une irréductible part d'inconnu.

Montaigne et Colette

Dans les *Essais*, Montaigne parle de son amitié avec La Boétie et dit : « Ce que nous appelons ordinairement amis et amitiés, ce ne sont qu'accointances et familiarités nouées par quelque occasion ou commodité, par le moyen de laquelle nos âmes s'entretiennent. En l'amitié de quoi je parle, elles se mêlent et confondent l'une en l'autre, d'un mélange si universel qu'elles effacent et ne retrouvent plus la couture qui les a jointes. Si on me presse de dire pourquoi je l'aimais, je sens que cela ne se peut exprimer qu'en répondant : “Parce que c'était lui, parce que c'était moi.” »

Colette également fut une amoureuse de l'amitié. Sa relation épistolaire avec l'actrice Marguerite Moreno aura duré cinquante ans. Cinquante années de confidences et d'aveux. Ce que souligne l'histoire amicale et la correspondance entre les deux femmes, c'est cette non-concurrence entre deux femmes qui furent adulées et reconnues aux mêmes moments. Colette dit en parlant de Marguerite Moreno et d'elle : « Aucune forfanterie, aucun désir de sauver les apparences, de la complicité rigolarde. »[1] Dans cette amitié féminine désexualisée (Marguerite Moreno ne fut pas l'amante de Colette), on peut retrouver toute « la fougue dont se grisent les amies de pensionnat ». Marguerite Moreno fut « la meilleure amie » de Colette et ceci pendant presque toute sa vie !

Ce qui nous fait dire « mon ami(e) », c'est un sentiment de sympathie extrême envers l'autre que l'on pourrait traduire par un « accord inaltérable ». Comme si l'amitié supposait une part d'intemporalité. Ce qui caractérise aussi l'amitié, ce qui en fait l'athanor parfait de la possibilité du développement de l'amour, c'est la notion de partage des valeurs. La force du lien d'amitié réside dans cette mise en commun des valeurs. On peut les partager, les échanger. Elles n'en prennent que plus de force et de pertinence. La différence de l'autre est acceptée parce que les valeurs sont partageables. C'est ce qui crée la complicité, marque principale de l'amitié.

Amitié et adolescence

L'adolescence est l'un des moments forts de la construction de l'amitié. On y apprend ce qui fera la marque de la position d'adulte : apprendre à ne pas vouloir être aimé par tout le monde.

1. Colette, *Lettres à Marguerite Moreno*, Flammarion, 1994.

Cette sortie de l'enfance avant la déferlante des responsabilisations est marquée par des alliances fortes en dehors du cercle de la famille et la notion de « meilleur(e) ami(e) » commence à prendre tout son sens. Anouk, 17 ans, le traduit fort bien : « Avec ma meilleure amie, on est dans le même délire. On se comprend. On se complète. » Cette solidité des rapports de l'un à l'autre permet d'affronter la rudesse du monde et d'en comprendre mieux les exigences.

Chez les adolescents, l'amitié, même si elle est parfois teintée d'homosexualité latente, fonctionne comme une société secrète. On crée des signes de reconnaissance en se disant bonjour d'une certaine manière par exemple ou en inventant un langage incompréhensible par les autres. Tous ces néologismes participent du fait d'isoler le rapport amical du reste du monde afin d'être plus serein, moins enclin à une certaine déprime comportementale. Même à l'âge adulte, on garde encore la nostalgie de ces amitiés constructives et initiatrices.

Beaucoup de mes patients reviennent fréquemment sur cette période de leur vie. Sur ces moments où l'amitié était souveraine et permettait de construire un îlot de protection efficace contre les vicissitudes de la vie. Ce qui est en jeu pour nombre d'entre eux, c'est comment retrouver cela. Comment construire un rapport d'amitié solide et mature avec quelqu'un. Ce qui est traduit, c'est le besoin profond d'un espace de confidence. Ils l'ont bien sûr au sein du cabinet de psychothérapie, mais cela n'est pas suffisant. Comment trouver la même écoute, le même regard, la même attention auprès de quelqu'un, inscrit dans le courant de la vie de tous les jours ? L'amitié est ce lieu de la confidence partagée. C'est ce qui fait la différence avec le psychothérapeute qui ne sera jamais un ami, car dans l'amitié, la confidence est partagée et donne à la relation une couleur d'équité.

« Lorsque nous sommes ensemble, tout se calme »

Cécile, 24 ans

« Mon meilleur ami est un refuge pour moi. Je ne le vois pas tous les jours et je ne fais pas appel à lui seulement quand ça va mal ! Lorsque nous sommes ensemble, tout se calme ! Je peux me confier à lui et il peut se confier à moi. C'est réciproque et profond. Ce qui est fou, c'est que c'est un garçon très beau et qu'il aurait pu être mon petit ami. Mais il n'y a aucune ambiguïté entre nous, j'en suis sûre. Nous en avons parlé ensemble et tout est vraiment très clair. Je l'ai choisi pour des raisons que je n'arrive pas à analyser. Je sais que c'est un choix. Et chaque jour confirme le bien-fondé de mon choix. C'est lui ! C'est mon meilleur ami ! C'est comme ça ! »

On croirait entendre Montaigne parlant de son amitié pour La Boétie ! Ces passages qui mènent de la fratrie à l'amitié et à l'amour se font par un ensemble de décisions, parfois inconscientes. Ces décisions sont activées par des déclics. Ceux-ci sont comme des portes entrouvertes qu'il est donné de pousser à certains moments de son histoire.

La musique de l'amitié

Il est difficile de décrire ce que sont ces portes entrouvertes. Lorsqu'on a le privilège, comme moi, d'entendre le récit de vie de nos contemporains, on s'aperçoit à quel point dans les histoires des uns et des autres existent ces opportunités de changer un état de vie difficile. Ce sont des moments que nous pouvons appréhender dans une dimension de vrai choix. Ce n'est pas « soit ça, soit autre chose » qui n'est pas un choix mais un dilemme, mais plutôt une situation qui engage et qui peut déterminer un autre cap. À ce moment-là, la liberté existe pour agir et modifier son rapport à soi-même et au monde. Si l'on se penche avec un tant soit peu d'objectivité sur son parcours de vie, on repère facilement ces moments. Parfois, le choix n'est pas fait et la vie continue son cours. Et lorsque la décision est prise, on s'aperçoit qu'il ne s'agit pas de tout changer concrètement pour aller mieux, mais d'opter pour la mise en place d'un espace intérieur différent, plus ouvert, plus enclin à laisser la place à l'inattendu. Aimer fait partie de cette décision. Il ne s'agit pas d'un acquis posé là dès le début de notre vie. L'amitié aide à cette construction de l'amour, car on y trouve les ingrédients majeurs à son édification : complicité, partage, confiance et solidarité.

Lorsque Erik Orsenna dit : « L'amitié n'était-elle pas une forme de musique ? »[1], il indique que la construction amicale se fait comme une création musicale commune. On établit ensemble la mesure, le rythme, la qualité des notes afin de jouer un même morceau, une seule et belle chanson agréable à son oreille comme à celle des autres.

La durabilité des relations

Dans son ouvrage *Les Relations durables*[2], le psychiatre Gérard Apfeldorfer traque tous ces « faux amis » relationnels qui nous font

1. Erik Orsenna, *La grammaire est une chanson douce*, Stock, 2002.
2. Gérard Apfeldorfer, *Les Relations durables*, Odile Jacob, 2003.

croire ce que devrait être une « vraie relation » aux autres. Il dit notamment : « Cela nous conduit à notre quatrième croyance irrationnelle : *être en dette aliène sa liberté, et donc, l'idéal est de ne rien devoir à personne*. Si cela est vrai du monde des affaires, cela ne l'est pas dans le monde relationnel ordinaire. » Nous avons déjà abordé cette notion de dette. Il est vrai que le mot est connoté négativement. Devoir quelque chose à quelqu'un ! Être redevable ! Autant de concepts qui paraissent empreints d'obligations donc d'absence de liberté. Pourtant, si l'on dépasse ces *a priori* négatifs, on s'aperçoit qu'être redevable à quelqu'un, c'est lui avoir laissé la possibilité de nous donner quelque chose, d'avoir mis dans notre panier affectif des mets relationnels propres à nous rassasier. Être redevable, c'est reconnaître l'influence de l'autre. C'est se tenir prêt à offrir de son côté, à mettre dans la balance des sentiments une équivalence permettant à la relation d'être gagnante à long terme. C'est aussi accepter qu'un geste puisse en appeler un autre. Et que ce que l'on prend est la préfiguration de ce que l'on va donner. C'est le contraire de l'individualisme et du repli sur soi.

Faut-il que les relations aux autres soient durables ? Il ne le faut pas coûte que coûte. Là encore, les histoires de vie entendues au sein des cabinets de psychothérapie nous apprennent qu'il est salutaire parfois de savoir rompre une relation lorsque celle-ci est délétère. Au-delà de ce constat, la durabilité des relations permet de construire un édifice où l'on se reconnaît mutuellement comme avançant sur le même chemin. Ce chemin est celui des échanges simultanés et des moments de vie où l'inoubliable se vit au quotidien, avec simplicité. Il faut pour cela beaucoup de courage pour maintenir l'autre au centre de soi-même et lui donner un rôle actif à côté de soi.

Dans une relation amoureuse simple comme dans une relation amicale, trois ans est une durée importante. C'est le temps dont on a besoin pour que les vraies questions puissent se poser. C'est aussi le temps où la lune de miel a pris fin, où l'on a déjà subi plusieurs revers relationnels et où l'on a appris à les dépasser. Trois ans, c'est le temps nécessaire pour se rendre compte que les besoins de l'un et de l'autre sont différents et que cette différence n'est pas obligatoirement une cause inéluctable de rupture. Ces trois ans fixent un cadre permettant de repérer comment bouge la relation et de quelles couleurs elle se pare. Ils obligent à l'observation et à la compréhension du caractère changeant de toutes relations humaines, à plus forte raison lorsque cette relation est dite d'amour. Bien sûr, cela n'indique pas que lorsque les trois ans sont passés c'est gagné et qu'il n'y aura plus de difficultés. Mais ce temps minimum permet de pouvoir parler d'une histoire réellement en construction.

« Le temps ne fait pas tout, mais il permet les souvenirs »

Antoine, 54 ans

« La durée de ma relation avec Élisabeth est un point important. Oui, je sais, le temps ne fait pas tout, mais il permet les souvenirs. Lorsque nous parlons de nous, nous pouvons nous rappeler des choses vécues en commun et ces choses-là sont parfois désagréables, mais peu importe, on les a dépassées et ça, ça rassure n'est-ce pas !
Ça rassure énormément parce qu'on se dit qu'on est forts ensemble et que d'autres épreuves peuvent arriver, nous avons trouvé les parades et les armes pour affronter tout cela ! »

Dans ce que dit Antoine, on devine toute la force du lien qui le rapproche d'Élisabeth. Ce qu'ils se donnent l'un à l'autre, c'est la possibilité d'une écoute et la capacité d'une réflexion. Dès les premiers orages, ils ont su résister et combattre ensemble. C'est le mot « ensemble » qui est profond, car ce qu'il raconte c'est la volonté d'un couple à traverser le temps hors d'un idéal préétabli avant la relation, mais se déterminant au fur et à mesure que la relation avance. Pour cela, il faut du respect l'un vis-à-vis de l'autre ainsi qu'une grande capacité à pouvoir prendre du recul sur les événements.

Les vertus de l'humour

« Je ris merveilleusement avec toi. Voilà la chance unique. »

René Char *(Les Matinaux)*

L'une des manières de prendre du recul est d'apprendre à dédramatiser et en ce sens, l'humour a des vertus particulièrement efficaces. Être en amour ensemble, c'est aussi apprendre à faire l'humour ensemble ! L'humour passe, on le sait, par la capacité à pouvoir rire. Ou tout au moins, à s'en donner la possibilité. Le rire a plusieurs fonctions : il permet de se moquer, de se faire du bien, de se délivrer, de se défendre, d'échapper à la douleur ou à la tristesse... Avant toute chose, il permet de communiquer.

Rire, c'est dire à l'autre et à soi-même qu'on n'a pas perdu sa part d'enfance. On le sait, rire, ce n'est pas sérieux ! Notre société occidentale valorise l'absence d'émotions. Il nous faut nous tenir dans une attitude sociale, professionnelle, relationnelle perpétuellement digne, solide. Non pas sereine, mais dénuée de traces émotionnelles. Il nous faut être, en fait, illisible pour l'autre. Pourtant, le rire est un partage. Il contient une part de rêve, d'invisible, d'imaginaire. Le rire ouvre une porte, ce qui permet à l'autre, en écho, d'en faire autant pour ainsi oser s'installer dans une aventure intime, complexe, baroque, ludique.

Même s'il sert à la moquerie, le rire reste naïf. Il est une expression plus forte que soi. C'est une expression spontanée, non préparée, non calculée, non pensée. Le rire s'impose à nous. L'accepter, c'est accepter de s'ouvrir à un espace en soi fait de surprises et d'étonnement. Le rire, son propre rire, nous permet de nous étonner nous-même. D'aller vers soi dans une surprise possible. Il y a en chacun de nous un clown qui sommeille, qui voudrait faire rire, dire des blagues, faire des farces, jouer avec le temps, les larmes, la mort pour rester dans une promesse constante d'impossible.

Il y a parfois quelque chose d'absurde dans le rire parce qu'il s'inscrit souvent contre la dure réalité des choses. « L'humour est la politesse du désespoir », disait André Breton. Charlie Chaplin et sa fameuse danse des petits pains dans *La Ruée vers l'or* illustre parfaitement cela. Le rire, malgré la misère et les épreuves, continue à affirmer la vie. Le rire dit oui, encore et encore, sans se soucier des conséquences et des convenances. Le rire est du désir éparpillé, distillé comme une pluie douce d'étoiles. Oui, le rire est une preuve d'amour, puisqu'il recherche en permanence le partage, l'émulation, la complicité et le bien-être !

C'est une situation, un événement, quelque chose d'extérieur à soi qui entraîne le rire. Le rire est réaction. Accepter le rire, c'est accepter d'être influencé par ce qui nous entoure. C'est une marque de confiance et de connivence avec le monde. C'est l'événement, et notre adhésion à lui, qui nous ordonne de rire, nous y oblige ! Au-delà du rire réactif, instinctif, il y a un autre rire qui prend plutôt la forme d'un sourire intérieur. Ce sourire, il s'installe en nous de façon permanente par un long et parfois douloureux travail d'acceptation de soi. Nous l'avons vu dans le chapitre précédent. C'est un parcours de retrouvailles avec ce qui se situe en son centre et qui crée une profonde acceptation de l'incarnation. C'est une manière d'être là, avec le monde, sans en nier les souffrances, mais en lui offrant malgré tout un visage accueillant, ouvert, généreux. Ce n'est pas la béatitude avec ce que cela suppose de dénigrement du monde, non, c'est une façon souriante et riante d'être là ! Comme un enfant qui croit au monde et qui se laisse accueillir par lui pour le comprendre. Dans ce rapport à soi s'immisce, petit à petit, l'idée d'une jubilation.

Dans la *Trilogie du revoir*, le dramaturge Botho Strauss fait dire à l'un de ses personnages : « C'est le tout petit peu d'espoir en moi qui est sur son trente et un » ! Peter Handke dans *Par les villages* dit : « Le temps de la vie ne doit-il pas être l'épisode du triomphe ? Exister doit être un triomphe ! Peut-être n'y a-t-il plus d'endroits sauvages, mais le temps toujours sauvage et neuf demeure. » Espoir, triomphe installés dans le temps comme une chanson forte écoutée par les étoiles, c'est cela la jubilation ! C'est une expérience de soi sans cesse remise sur le feu ! C'est une façon de s'avouer à soi-même qu'il vaut mieux vivre que de continuer à mourir. C'est un rire !

Un rire continu même feutré.

Un rire puissant même murmuré.

Un rire intérieur qui surgit en soi et prend demeure dans le regard et sur les lèvres.

Du rire à la jubilation

« Ce n'est pas parce que c'est difficile que nous n'osons pas, c'est parce que nous n'osons pas que c'est difficile », disait Sénèque.

L'humour, c'est ce parcours qui va du rire à la jubilation. C'est aussi un changement de point de vue sur le monde, non pas un retrait, mais un pas salutaire fait de côté. L'objet observé ne change pas, c'est l'observateur qui change de place ! Ce que l'humour apporte à l'amour, c'est un état d'être. Non pas une position cynique qui chercherait à décrédibiliser toutes situations et à tout ramener au même plan, mais bien un rire qui aide au partage et à l'enthousiasme, tout en remettant les choses à leur vraie place.

> « Depuis ce moment magique, nous rions souvent ensemble »
>
> *Jean, 72 ans*
>
> « J'ai découvert le rire avec ma compagne au bout de trente années de vie commune ! Nous avons subi beaucoup d'épreuves dont la plus difficile fut le décès soudain de notre fils. Nous nous sommes enfermés dans la gravité et dans une vision du monde sans cesse désastreuse. Et puis, un jour, sans savoir pourquoi, nous nous sommes longuement regardés les yeux dans les yeux. Je venais de sortir d'une opération un peu délicate et tout allait mieux.

> Mon médecin était même agréablement surpris de ma bonne santé. J'en faisais part à ma femme et elle s'est mise à me regarder comme il y a bien longtemps ! Un regard plein d'amour et de compréhension qui me fit venir les larmes. Alors je l'ai regardée aussi, à travers mes yeux embués.
> Je ne sais pas combien de temps nous sommes restés ainsi. Longtemps je crois, mais ça aurait pu durer des heures tant cet échange était bon pour nous deux.
> Quelque chose se réparait. Une plaie se refermait. J'ai pris sa main, je l'ai doucement caressée et au lieu d'éclater en sanglots comme je pensais que cela allait arriver, je me suis mis à rire. Elle fut interloquée, puis très vite elle a ri aussi.
> Et depuis ce moment magique, nous rions souvent ensemble. Parfois sans raison et ce sont peut-être les moments les plus délicieux, les plus fous... »

Puisse le témoignage de Jean nous éclairer et nous porter vers ces contrées de l'amour où le rire sert d'éclaireur. Puisse-t-il confirmer ces mots de Georges Wolinski lorsqu'il dit : « L'humour est le plus court chemin d'un homme à un autre. » L'humour est l'un des ingrédients de l'amour des autres. Il s'inscrit, lui aussi, dans cette attitude qui consiste à décider d'aimer, à provoquer en soi un déclic pour orienter différemment sa façon d'être avec les autres. Dans ce sens, il donne l'occasion d'être en accompagnement avec les autres.

Accompagner

L'accompagnement en psychothérapie

> *« Le plus important, dans une relation thérapeutique, c'est sa qualité, et non la théorie sur laquelle s'appuie le thérapeute. »*
>
> K. Glantz, J. Pearce *(Exiles from Eden)*

Deux personnes assises face à face et discutant de sujets intimes ne peuvent pas ne pas se rencontrer à un moment donné sur des terrains de connivences et de partages profonds.

Ce qui caractérise la psychothérapie, quelles que soient les techniques que l'on utilise, c'est la qualité de la relation. Cette relation n'est pas d'amour, mais elle a un caractère idéal dans la mesure où elle est dénuée de jugement. Dans cette relation, le rapport à l'autre est différent selon le point de vue d'où l'on se place.

Du côté du patient, il s'agit d'utiliser la relation avec le psychothérapeute comme matrice de toutes les autres relations déjà connues et de ne pas hésiter à se laisser ressentir ce que l'on n'a pas osé, autrefois. Ainsi, le psychothérapeute prend symboliquement la place d'un père, d'une mère ou toutes autres figures familiales. On peut l'aimer ou le haïr. On sait inconsciemment que le ressenti de ses affects est possible, voire même salutaire, pour sa construction psychique personnelle. En face, la participation à ces sentiments n'est pas repérable directement. Le thérapeute accepte d'être une « éponge » et d'endosser tous ces rôles. C'est même son métier de le faire !

Du côté du thérapeute, il s'agit de délacer au maximum le champ de ses sensations, de se laisser prendre au jeu comme si l'espace thérapeutique était un grand théâtre où se joue l'histoire du patient. Bien sûr, dans ce que reçoit le thérapeute comme projections inconscientes de son patient, il y a des éléments venant télescoper sa propre histoire et réveiller des parties de lui-même. Mais comme il a, par son travail personnel, déjà fait le tri, il peut saisir ce qui se met en jeu et le laisser agir dans la relation à l'autre. Chacun s'ouvre à l'autre et laisse ainsi la possibilité d'une intimité particulière qui est toujours au service de celle ou celui qui vient consulter.

Ce mouvement relationnel est extrêmement maternant et il vient réparer certaines blessures anciennes par sa forme même. Le thérapeute est là pour accueillir et recevoir. Cet accueil et cette réception se faisant avec un respect profond, la relation thérapeutique en vient à déterminer une certaine manière de prendre soin de l'autre et de son histoire.

Il n'y a pas de dimension sexuelle dans la relation thérapeutique. En tout cas, il n'y a pas de passage à l'acte possible. Si le désir peut parfois circuler, il est clair qu'il ne concerne pas les personnes en présence, mais qu'il est adressé à d'autres qui sont hors du cabinet de consultation. Le thérapeute sait cela et il est garant de cette vigilance-là. Toutefois, l'intensité des émotions, parfois portées à ébullition, permet de décharger le corps de ses tensions, de se libérer et d'y voir plus clair dans sa propre organisation psychique inconsciente. Cette intensité qui agit comme une catharsis est particulière au travail de la psychothérapie. Il n'y a pas de la part du thérapeute un ressenti d'amour dans le sens direct du terme, mais une attention si forte, si prégnante, qu'il est dans un état de présence à l'autre qui peut ressembler à une forme d'amour.

L'amour qui est en jeu est celui de son métier, bien sûr, mais il inaugure aussi une façon d'aller vers l'autre et de le recevoir qui mérite réflexion. Il est quand même remarquable de s'apercevoir que cette forme de relation, par son intensité, ne ressemble à aucune autre et que l'on peut dire que le thérapeute prend soin de son patient. Il écoute, il acquiesce, il propose, il permet... et au-delà de l'absence de jugement souligné plus avant, il n'indique pas à l'autre ce qui est bon pour lui. Il laisse le patient découvrir ses propres espaces de possibilités. Ainsi se crée une autonomie et une valorisation de soi propre à l'édification de la reconnaissance de l'amour en soi.

La relation psychothérapeutique n'est pas une relation d'amour. C'est une relation dont l'extrême intensité permet la possibilité de l'amour. On peut dire que toute thérapie cherche, en filigrane, à aider l'amour à se dévoiler. Bien sûr, la thérapie aide le patient à mettre à jour les ramifications sinueuses de sa relation à l'amour, mais ce qui se décante au bout d'un moment, c'est la possibilité d'un rapport d'amour aux autres débarrassé des demandes impossibles. L'amour devient un possible envisageable et pertinent. Cela grâce à la relation d'affection avec le thérapeute.

La relation d'aide

La relation d'aide est une forme de relation différente de celle envisagée dans le travail psychothérapeutique dans la mesure où l'autre y est perçu comme une personne en difficulté et qui n'aura pas à payer pour un service rendu. Autant, dans le travail thérapeutique, c'est la fin des symptômes qui peut déterminer l'arrêt de la thérapie, autant dans la relation d'aide, c'est l'acte d'aider qui est important quel qu'en soit le résultat. La relation d'aide concerne le soutien que l'on peut apporter à des personnes démunies, dépendantes, en fin de vie ou en deuil.

Ce qui nous intéresse ici dans la notion de relation d'aide, c'est de saisir les attitudes que cela engendre et comment celles-ci peuvent nous aider à comprendre ce qu'est l'amour des autres. Quelles sont les attitudes propres à la relation d'aide ?

L'authenticité

Il s'agit d'être en accord avec soi dans la proximité de l'autre en souffrance. L'important est également de se situer dans une conscience parfaite de cette authenticité. Cette réalité crée une congruence et l'on est perçu par l'autre comme une personne digne de confiance. Ce qui découle de cette authenticité, au travers des relations positives qu'elle permet de mettre en place, c'est une transparence relationnelle. Comme le dit Carl Rogers : « Si dans une relation donnée, je suis raisonnablement congruent, si aucun sentiment en rapport avec la relation ne reste caché soit à moi, soit à l'autre personne, alors je peux être presque sûr que la relation sera une relation aidante. »

Le refus de la fusion

On n'est pas l'autre et même si on est là pour l'aider, l'apprentissage de la distinction entre soi et l'autre aide à prendre une distance relationnelle juste. Bien sûr, cette distance se fait dans une proximité et un partage particulier, mais elle existe et elle permet de laisser à celui qui est démuni un espace de liberté pour être lui-même tel qu'il l'entend. Pour mettre en place cette distinction entre soi et l'autre, il est primordial d'être robuste et d'avoir développé ses propres axes de ressourcement afin que la relation d'aide ne devienne pas une bouée de sauvetage à laquelle on se raccrocherait désespérément pour oublier son désarroi personnel.

En fait, on ne peut aider l'autre si on n'a pas créée en soi un espace de sécurité qui permet de ne pas être défait par le contact avec le désespoir de celui que l'on aide.

La compréhension

Comprendre l'autre, c'est le prendre avec soi. C'est l'intégrer dans son espace intérieur sans l'envahir, en lui laissant son identité. Chaque individu est différent d'un autre, mais lorsque nous sommes à la place de celui qui accompagne dans la relation d'aide, nous occupons un lieu où nous sommes « celui qui a » face à « celui qui n'a pas ». Cette place donne l'illusion d'un pouvoir sur l'autre qui peut vite dériver dans le fait de savoir mieux que l'autre ce qui est bon pour lui. C'est comme si l'on donnait une pièce de 2 euros à quelqu'un et qu'on ne supportait pas l'idée qu'il les utilise pour acheter du vin.

Celui qui est sans ressource a les idées confuses et le fait de tenir face à lui un discours clair et empathique l'aide au plus haut point. La parole de l'« aidant » est perçue comme une parole obligatoirement juste, car émanant de quelqu'un occupant la place de celui qui n'est pas en demande. Dans cette attitude de compréhension, on apprend à accepter l'autre pour ce qu'il est. Accepter cet autre ainsi, c'est entrer en relation avec lui en tant que sujet autonome et ne pas se sentir menacé par des valeurs qui ne seraient pas les nôtres.

Comprendre, c'est aussi laisser à l'autre la possibilité d'évoluer. L'un des écueils majeurs de la relation d'aide est d'enfermer l'autre sous une étiquette. Il est un « alcoolique », un « endeuillé » et ces étiquettes figent la relation. Ce qui est en jeu, c'est la potentialité laissée à l'autre d'évoluer à partir d'une situation, même si celle-ci est difficile. Sans envisager l'autre dans une sortie possible de son état, il n'y a pas de changement pour lui.

> ### « Accepter l'autre apprend à mieux se connaître »
>
> *Diane, 42 ans*
>
> « Ce que m'a appris mon travail de bénévole auprès des personnes en fin de vie, c'est l'humilité. Je suis venue vers ce travail comme face à un challenge. Je venais de perdre quelqu'un de proche et il me fallait réparer cela. Panser mes blessures profondes. J'ai fait une formation où j'ai appris un certain nombre de règles que je comprenais intellectuellement, mais lorsque je me suis retrouvée "sur le terrain", ce fut différent. Je me suis rendu compte que je cherchais à enfermer l'autre dans un modèle que j'avais malgré moi préétabli.
> Et ce modèle était construit à partir de mes croyances et de mes désirs. Lorsque tout cela est tombé, j'ai vu l'autre tel qu'il était avec ses forces et ses faiblesses et cela m'a appris à discerner les miennes. Accepter l'autre sans jugement apprend à mieux se connaître. »

À partir de ces concepts, nous pouvons saisir le fait que la construction de l'amour des autres passe par une attitude. Cette attitude se décide et se met en place en fonction d'un regard différent porté sur soi et sur ses éventuels désirs de toute-puissance sur l'autre. Aimer les autres passe par la compréhension, la différenciation entre soi et l'autre, le non-jugement, l'authenticité, l'écoute et le respect. C'est une forme de citoyenneté humaine inscrivant le rapport aux autres dans une démarche de rencontre ouverte. C'est à partir de ces éléments que peut se mettre en place un principe relationnel : l'amour des autres passe par l'éloge de la tendresse.

L'éloge de la tendresse

« Si tu ne sais pas quoi faire de tes mains, transforme-les en caresses. »

Jacques Salomé *(Si je m'écoutais, je m'entendrais)*

Dans le mot « tendresse » il y a, comme délicieusement tapi, le verbe « tendre ». Être en tendresse, c'est tendre vers l'autre. Comme dans un appel. Comme dans un besoin de sa présence et de son souffle. Dans la tendresse, il n'y a pas de place pour la dureté. Être tendre, c'est aussi se laisser la possibilité de s'attendrir. La tendresse implique une vulnérabilité. Accepter de se rendre vulnérable est une façon de s'offrir à l'autre et d'être en sa présence disponible.

La tendresse va avec le silence. Peu de mots sont nécessaires pour dire la tendresse. Souvent, les gestes suffisent. Une caresse, un baiser, un geste de compréhension ou une manière d'être... autant d'éléments instituant les signes de la tendresse présente. La tendresse ouvre sur la consolation. Celui ou celle qui a besoin d'être compris dans une détresse passagère recherchera cette tendresse chez l'autre et la trouver est réparateur des blessures de l'âme et du cœur. Mais nous avons aussi besoin de tendresse pour ouvrir les portes de l'amour. La tendresse devient comme une clé, comme un précieux sésame.

> ### « Maintenant, je goûte cette tendresse »
>
> *Lucille, 28 ans*
>
> « J'ai une histoire sexuelle catastrophique. Beaucoup d'échecs, de violence et l'installation en moi que le plaisir était terre inconnue, définitivement ! Et puis j'ai rencontré Ludo et avec lui, tout a changé. Oh, ce n'est pas un dieu vivant ! C'est juste un homme qui fait attention à moi. Et pour la première fois de ma vie, j'expérimente le plaisir qu'il y a à recevoir de la tendresse avant, pendant et après l'acte sexuel. Et je peux vous dire que ça change tout ! Avant, je me disais qu'il fallait atteindre l'orgasme à tout prix. Maintenant, je goûte cette tendresse et peu importe si ça arrive ou pas. Je suis comblée, vraiment ! »

Le témoignage de Lucille est important, car il met en lumière cette dimension réparatrice de la tendresse. Tout à coup, Lucille existe ! Elle n'est plus transparente pour l'autre ! Sous le regard et les caresses de son compagnon, elle devient une personne prise en compte par l'autre. Accompagner l'autre avec tendresse, c'est le faire exister en toutes circonstances. C'est mettre du lien et forger la relation dans un alliage puissant. N'en doutons pas, la tendresse non seulement répare, mais en plus de cela, elle donne un sens à la présence de l'autre. Celui ou celle qui se sent brisé par la vie trouve dans la tendresse d'un compagnon ou d'une compagne l'occasion d'expérimenter le fait d'être valorisé dans sa souffrance et surtout d'être accueilli. Cet accueil a une importance particulière, car il crée un refuge où ce qui s'épanche de soi est accepté par l'autre.

Les outils de la tendresse

J'emploie ici le mot « outil » volontairement. Certes, il n'est pas très poétique en lui-même, mais il indique la notion de travail. Dans la décision d'aimer qui passe par la valorisation de la tendresse, il y a un travail qui s'effectue et celui-ci nécessite des outils : l'accompagnement par le regard, le soutien par la main, l'incarnation par la caresse, la réassurance par l'embrassade et l'épanouissement par le baiser.

L'accompagnement par le regard

Accompagner par le regard, c'est indiquer à l'autre qu'il a une place dans notre univers. Le regarder avec intensité, le suivre des yeux lui donne une importance et le situe dans le temps. C'est un regard qui dit : « Je te vois, je te suis, je suis avec toi. » Cette tendresse du regard est réconfortante, car celui qui est au plus mal ne se sent plus perdu. Son propre regard trouve une direction et une validité en acceptant de se situer dans l'accueil. Regarder l'autre c'est le garder à nouveau (re-garder) et ce détour étymologique indique là encore la dimension maternante et englobante que permet le regard de tendresse à celui à qui il est offert. C'est un regard qui s'offre sans retenue.

Le soutien par la main

Le soutien par la main est un acte puissamment tendre, car il met en contact. Dans notre société qui a pris l'habitude de considérer toute approche par le toucher comme une effraction, la tendresse qui se dit par la main doit être sans équivoque quant à son but. La main est là pour indiquer un soutien, une manière de dire à l'autre qu'on est prêt à le guider dans sa peine ou sa joie.

Dans ce soutien se dit aussi le fait que la solitude fondamentale de chaque être humain peut être dépassée et qu'il existe une concordance entre l'un et l'autre. Cette concordance renvoie aux notions de solidarité et installe la relation humaine définitivement dans une notion de rencontre de sujet à sujet. Le dialogue mis en place par la main permet de quitter l'insularité et de montrer à chacun qu'il y a toujours un autre que lui... à portée de main.

La main est notre principal organe de transformation de notre environnement. Elle est le prolongement direct de notre volonté d'action. Elle représente notre capacité à faire. La main aide à connaître. À travers ce qu'elle touche, ce avec quoi elle se met en contact, elle indique une connaissance créant une émotion que le cerveau interprète. Chaque main étant liée à un hémisphère cérébral.

Notre main est divisée en cinq doigts et chaque doigt est relié, selon l'acupuncture, à un organe. Le pouce à la tête, l'index à la vésicule biliaire, le médius au pancréas et à la rate, l'annulaire au foie et enfin l'auriculaire au cœur. Ainsi, lorsque la main vient soutenir, c'est un ensemble plus vaste qui vient maintenir (main-tenir) l'autre et lui parler. C'est le corps entier qui s'engage au travers de la main.

Le soutien par la main confirme la tendresse et installe ce qu'Alain Delourme[1] a magnifiquement nommé une « distance

1. Alain Delourme, *La Distance intime, tendresse et relation d'aide*, Desclée de Brouwer, 1997.

intime ». Je retrouve toute la puissance du soutien par la main dans ce texte anonyme d'une femme peule : « Nous disons que la vie vient des mains et qu'elle retourne dans les mains. Un nouveau-né est accueilli par des mains : ce sont des mains qui le saisissent, qui lui coupent le cordon ombilical. Ce sont des mains qui le lavent. Ce sont des mains qui lui donnent la vie. Le jour de la mort, c'est encore dans les mains que la vie retourne : ce sont des mains qui vont enlever ses habits. Ce sont des mains qui vont laver son corps et l'envelopper d'un linge blanc. Ce sont des mains qui vont le descendre dans la fosse. Tout homme orgueilleux doit penser à cela : il ne domine pas sa vie, parce que, du début à la fin, sa vie est dans les mains des autres. »[1]

L'incarnation par la caresse

La caresse ne cherche pas nécessairement à érotiser la peau de l'autre. Elle n'est pas non plus distribuée par la main seule. Elle peut l'être par différentes parties du corps. Même un regard peut caresser ! Mais toujours, elle installe un dialogue de peau à peau, de corps à corps. Dans la caresse tendre, le corps de l'autre – ou une partie de celui-ci – est sollicité, mis en valeur et de fait, l'impression d'être plus solidement présent à soi-même y est associée.

La partie du corps qui caresse est aussi caressée. Il y a un dialogue qui s'installe, même lorsque la caresse est furtive, car ce qui compte avant toute chose c'est l'intentionnalité. Celui qui se tend vers l'autre dans la caresse cherche à faire du bien, à rassurer, à dire dans la tendresse du geste caressant qu'il est là, présent. Et que sa présence peut donner à l'autre la « permission » d'être présent à lui-même. Incarné.

1. Texte cité par Joël Clerget dans *La Main de l'Autre*, Érès, 1997.

Chaque autre que nous caressons est un autre rencontré dans son incarnation. La multitude des caresses données créant une myriade de rencontres et d'appels à la tranquillité. Il est étonnant de voir à quel point celles et ceux qui n'aiment pas être caressés sont difficilement inscrits en eux-mêmes.

« Ces mains sur moi étaient effrayantes »

Myriam, 40 ans

« Même dire bonjour en serrant la main m'est difficile. Je sue beaucoup et de fait, j'ai l'impression d'une moiteur partagée avec les autres et cela me dégoûte. C'est vrai que je suis mal dans mon corps depuis longtemps et que je sais qu'il faudrait que j'accepte plus de contacts pour aller mieux. Tout le monde me le dit et je suis d'accord avec ça !
J'ai tenté un stage de massage une fois. Je suis partie à la fin du premier jour. Ces mains sur moi étaient aussi effrayantes que mes mains posées sur les autres. »
Mais Myriam a fini par accepter de retourner en stage de massage et elle y a finalement découvert des bienfaits jusque-là inconnus d'elle.
« Je suis beaucoup plus dans mon corps, maintenant ! dit-elle. C'est étonnant ! Je me demande comment j'ai pu faire pour vivre avant sans ces contacts amicaux et bénéfiques. »

Ce qui a permis à Myriam de changer et d'accéder à d'autres sensations, c'est la reconnaissance d'un besoin en elle. Elle savait ce qu'elle devait faire, mais ne pouvait pas se mettre en acte.

Lorsqu'elle a envisagé, en se projetant mentalement, ce que pouvait être le gain pour elle et la possibilité de déposer enfin une partie de ses symptômes, elle a pu agir ! C'est de cela qu'il est question : la permission que l'on se donne pour aller vers ce qui nous fait du bien plutôt que de continuer à valoriser la plainte.

La réassurance par l'embrassade

Embrasser, c'est prendre quelqu'un dans ses bras, le serrer contre soi. Embrasser est un acte fort, car il implique un engagement dans le contact avec le corps entier de l'autre. Par ailleurs, lorsqu'on s'embrasse, on ne voit plus ce qui nous entoure. Toute l'attention et tout le visuel sont concentrés sur le contact avec l'autre. C'est comme une « bulle » qui se crée à l'intérieur de laquelle s'échangent des énergies intimes. Dans cette « bulle », l'embrassade agit comme une relation d'aide. On crée un double corps qui protège et délimite un espace de protection où rien ne peut atteindre ceux qui sont dans l'étreinte.

Dans l'embrassade, les mots se disent directement à l'oreille. Celle-ci est toute proche et le chuchotement est naturel. Il indique une familiarité dans ce moment particulier de la relation. Cette familiarité permet l'échange de mots réconfortants. L'embrassade, lorsqu'elle s'inscrit du côté du partage de tendresse, correspond à une mutualité. On peut chercher à réconforter l'autre, mais comme la main qui caresse est aussi caressée, le corps qui embrasse est aussi embrassé.

Dans la tendresse se positionne aussi la notion de contentement. On va vers l'autre avec ce contentement en soi ou tout au moins avec l'espérance du ressenti de celui-ci. Dans l'embrassade, on dit à l'autre : « Je suis content de te prendre dans mes bras. » Et de l'intensité de l'échange naît la force d'une réparation possible.

Réparation d'une blessure psychique liée à une peine, une contrariété ou un trop grand bonheur.

Cette manière d'aller vers l'autre n'est pas sans rappeler le besoin de faire un provisoirement et d'avoir comme visage celui de l'autre. On mélange les identités, on les partage. On s'ouvre à l'autre dans une tendresse désexualisée où l'amour de l'autre se dit sans fioritures et sans calcul. Dans l'embrassade, celui qui est englobé par l'autre, celui qui a besoin du contact précieux de l'autre est réassuré. Il redevient certain d'être un humain même faillible, même atteint.

L'embrassade scelle l'amitié et la possibilité du pardon.

L'épanouissement par le baiser

> « Comment ne pas aimer poser ses lèvres sur les joues de ceux qu'on aime ?
>
> *Élie, 59 ans*
>
> « Comment ne pas aimer poser ses lèvres sur les joues, les mains ou la bouche de ceux qu'on aime ? J'aime ce contact avec mes proches, mais j'aime aussi ces moments simples où je dis bonjour à mes collègues de travail en les embrassant. Ce partage même vite fait permet d'installer un démarrage agréable dans la journée. »

Et si, comme Élie, nous portions une attention plus accrue lorsque nous embrassons quelqu'un ? Si, au lieu d'un baiser fugace, nous y mettions une conscience pleine et entière ? Que se passerait-il ? Sans aucun doute nous rendrions-nous compte de toutes ces peaux rencontrées par notre bouche et de l'importance de ce moment, comme suspendu dans l'air, où nous nous mettons en intimité avec ces autres qui sont nos ressemblants.

Le baiser quel qu'il soit est une implication affective. Pour celui qui le donne et celui qui le reçoit. Offrir un espace même infime de sa peau pour que l'autre y pose ses lèvres est un acte qui ne peut pas être neutre.

Le mot « bouche » vient du latin *buca* dont l'étymologie est la même que le mot « bouclier ». On peut dire que dans le baiser, la bouche quitte son rôle de bouclier (qu'elle affirme, parfois, avec la parole) pour se faire plus pacifique et oser se dévoiler. La bouche est liée à la parole et le baiser est une manière de dire en douceur ce que les mots n'ont peut-être pas la force d'affirmer.

Le baiser est un acte fort, car il affirme un partage subtil qui n'est pas sans rappeler la becquée des oiseaux. D'ailleurs, lorsqu'on mime le bruit des baisers, n'est-ce pas le chant des moineaux que l'on entend ? Il est aussi un épanouissement, car dans la tendresse qu'il représente, il est suivi d'un sourire dans presque tous les cas. Ce sourire est la marque du contentement qu'implique le baiser avant et après son émission. Ce qu'il faut entendre par épanouissement, c'est la levée des barrières de protection sociale qui laisse entendre que l'autre peut être un « ennemi » potentiel. Même dans le bonjour posé sur la joue rapidement s'inscrit un moment de relâchement et de pacification des relations humaines. Quitte à se « reprendre » ensuite et à retrouver certains réflexes d'éloignement ou d'attitudes hautaines. Cet instant de quelques secondes est une trêve dans le contact de l'un à l'autre.

Le baiser est un témoignage d'affection et de complicité. Il est aussi dans le rapport amoureux le signe principal des préludes sexuels. Il représente une glace qui se rompt, une possibilité de rendez-vous, il ouvre les portes de la communication. Comme s'il invitait à un « plus relationnel ». Le baiser est toujours tendre et lorsqu'il devient mordillement, il fait appel à nos archaïsmes cannibalesques et sort à ce moment-là de la tendresse pure pour devenir autre chose.

« On ne s'embrasse plus ! » Combien de fois sommes-nous amenés à entendre cette plainte dans nos cabinets ? C'est la marque d'une relation qui s'étiole. Le retour à des baisers simples et francs aide à revenir à une relation tendre.

Voici donc exposés les outils de la tendresse. C'est elle qui guide et propose l'aventure de la découverte des autres. Dans cet immense plaisir qu'elle représente se consignent les marques d'une marche vers plus de bonheur à découvrir, une autre dimension de l'amour.

Aimer est un engagement

Nous avons trop tendance à ne penser l'amour que vis-à-vis du rapport à deux. À croire que l'amour se résume au rapport amoureux. Lorsque nous pensons autrement, c'est-à-dire lorsque nous ouvrons volontairement notre cercle d'intimité pour y accueillir les autres, nous nous donnons la possibilité d'une communication plus riche parce que soutenue par une intentionnalité bienveillante et aimante.

Le mot « autres » a une indication vague. On imagine une foule indistincte à laquelle on ne participe pas et qui défile anonymement devant nous. Si l'on pense qu'il est question d'autres humains soumis, comme nous, aux exigences du temps et cherchant des réponses à des mystères insondables, on oriente déjà différemment son écoute. La tendresse, tout comme l'amour en lui-même, ne peut se vivre dans le rapport aux autres sans cette intentionnalité. C'est elle qui détermine non seulement notre façon de regarder autour de nous, mais aussi notre manière d'être au monde.

L'être humain peut se révéler dans son authenticité au contact de cette communauté humaine élargie. Il se présente alors dans sa corporalité, dans sa spiritualité et dépasse ainsi sa propre histoire pour participer à l'histoire de tous. L'amour des autres est une volonté et une morale, non pas dans le sens chrétien du terme, mais plutôt dans son sens philosophique. Ce qui laisse à entendre que nous faisons une tentative consciente et constante dans nos parcours de vie pour affirmer nos valeurs au travers de nos actes, même – et surtout – les plus quotidiens.

Aimer devient une responsabilité et un engagement. Engagement dans une participation à la vie les yeux ouverts et le cœur battant. C'est à ce titre, entre autres, que l'on peut aborder un amour plus global qui est l'amour de la vie.

V

Aimer la vie

> *« Il n'est point d'amour sans l'appréciation de la beauté. »*
>
> Jiddu Krishnamurti

Souvent, les sciences humaines parlent d'un objet comme s'il existait en dehors des préoccupations les plus simples de la vie. Celui qui écrit, comme celui qui est le lecteur, sont deux observateurs d'un processus et portent un jugement avisé sur celui-ci. L'un au travers de son écriture. L'autre à partir de sa lecture. Il est difficile en ce qui concerne l'amour de se situer dans la même perspective. Nous sommes toutes et tous sujets de l'amour. Il nous interroge depuis notre arrivée au monde et reste l'une des préoccupations les plus brûlantes de nos vies adultes.

Comme le suggère Edgar Morin[1], l'amour est un tissage. « L'amour est quelque chose de "un", dit-il, comme une tapisserie qui est tissée de fils extrêmement divers, et d'origines différentes. » Ce tissage est la matière même de notre être. L'amour a à voir avec le corporel. Il s'inscrit dans les pores de nos peaux, nous le recherchons dans les assentiments des autres, les regards... Cette recherche nous accompagne comme un ange gardien fidèle et protecteur.

Dans ce que j'appelle ici l'amour de la vie, c'est tout cela qui est en jeu. C'est en fait comment nous sommes parties prenantes de ce tissage. Comment nous sommes le tissage lui-même. Aimer la vie c'est aimer être. Notre existence est un acte d'amour, car c'est un acte qui affirme notre présence au monde. Comment cette présence peut-elle être active et aider ceux qui nous entourent à vivre mieux, au plus près d'eux-mêmes ? Voici une question importante à laquelle il est nécessaire de pouvoir donner une réponse. L'amour de la vie nécessite de quitter enfin le monde des questions récurrentes pour entrer dans celui des réponses actives.

Plonger dans la vie est comme sauter de la plus haute tour sans savoir si on sait nager. Il y a un risque, une épreuve. Ceux-ci, lorsque nous acceptons de les rendre actifs dans nos vies, nous apportent les plus grandes joies et les plus étonnantes découvertes. L'amour de la vie fait de nous des voyageurs. À l'intérieur de nous-mêmes, nous découvrons sans cesse de nouvelles terres. Nous ne cherchons plus les réminiscences et ne sommes plus soumis à la loi du passé, mais nous nous inscrivons dans une force qui nous laisse étonnés face au monde, à l'autre, aux autres, à nous-mêmes.

---

1. Edgar Morin, *Amour, poésie, sagesse*, Le Seuil, 1997.

Même détruit, même saccagé, le monde reste une aventure. L'amour de la vie, lorsqu'il devient une réalité active, permet de faire fructifier cette notion d'aventure. Plus encore, et c'est là sa force, il donne la possibilité d'agir sur le monde et d'y mettre, même à son seul niveau, plus de compréhension, de justice et de lumière. Il ne s'agit pas simplement d'un vœu pieu ou d'un arrangement avec ce qui nous entoure, pour rendre les choses plus agréables, il est plutôt question d'un engagement qui vient bouleverser et transcender ce que nous cherchons à être. Qui nous ressource à ce qui préexistait avant nous. Ainsi, nous retrouvons notre essence et sa capacité première : s'inscrire dans le flux de la vie et rendre celui-ci pérenne.

Les voyages de l'amour

Faire le détour par soi-même permet l'amour. C'est au cœur de soi, dans l'intimité d'un espace profond et secret que se tisse la possibilité de l'amour. C'est en soi qu'on le reconnaît et à partir de soi qu'on le transmet. Si l'amour de la vie existe, il a son origine dans ce lieu où chacun doit accepter d'aller afin de se trouver lui-même et d'apprendre à pouvoir envisager l'autre. J'ai parlé directement ou indirectement de désir dans ce livre, car à mon sens il est l'hôte et l'invité de l'amour. Inséparables, ils franchissent tous deux les cols les plus hauts et les abîmes les plus obscurs.

Le désir individuel

Pour que le désir individuel soit source de bonheur collectif, il est primordial d'apprendre à accepter qu'il y ait de l'« autre » dans l'être aimé. La lassitude, le remords, le rejet, la honte, la jalousie... tous ces travers qui donnent à l'amour des allures de croquemitaine viennent de ce que nous ne reconnaissons pas à l'autre le droit d'exister en dehors de nous. Sans contrôle, sans justification... Le désir est primordial mais il peut, parfois, nous amener à la confusion. Dans cette confusion, Éros et Thanatos ne se différencient plus et l'amour se transforme. Il devient délétère et la haine déconstruit ce que l'amour a tenté d'édifier.

Accepter l'autre dans sa subjectivité, c'est mener un travail sur soi en profondeur pour parvenir à demander ce qui est juste, à réclamer ce qui peut être acceptable par l'autre. C'est un travail sur soi, mais c'est aussi un travail à deux. C'est le travail de l'amour.

Il y a, alors, comme un retour à l'enfance dans ce qu'elle a de constructif : la recherche éperdue de l'inattendu, de la surprise. L'entrée dans la créativité. Il n'y a pas de recettes toutes faites qui permettraient d'aimer à coup sûr, ou d'aimer raisonnablement. Que l'on soit partisan d'un ordre moral restrictif ou permissif, cela ne change rien. Le social ne peut dicter les voies de l'amour. C'est désormais une affaire d'individu à individu. C'est aussi une affaire de distance juste et pertinente. Une distance permettant d'accepter l'autre présent dans une place et une sphère différentes des siennes. En un mot : laisser toujours ouverte la porte de la découverte incessante, de l'attention, et cesser de faire de l'autre un miroir qui permettrait d'expliquer constamment ses propres échecs.

L'amour appelle l'amour

L'amour effectue d'immenses voyages. On va vers lui rempli d'espoirs et de craintes. Ce que l'on espère est fait de lumières possibles et ce que l'on craint est tissé d'inconnu et d'ombres. Ces voyages, on les effectue dès le début de sa vie. L'enfant n'arrive pas émerveillé au monde. Il n'est pas un être empli d'innocence. Il est truffé de besoins primaires et fondamentaux : manger, dormir, éliminer... C'est dans son rapport à l'extérieur, à sa mère, au souffle, aux odeurs, aux lumières qu'il saisit une myriade de possibilités de plaisirs. Ces plaisirs se construisent dans la compréhension de la nature féconde des échanges. Le petit enfant apprend à échanger avant d'apprendre à aimer. Le monde vient à lui et il l'accueille, ouvert, disponible, frais et serein. Le monde aime l'enfant et le lui dit au travers des sensations, des baisers, des sourires, des attentions. L'enfant est d'abord aimé et, de fait, cet amour reçu crée un amour donné. L'enfant répond naturellement à l'amour par de l'amour.

Voici déjà un enseignement important : le monde nous aime et nous répondons « présents » à cet amour. Aimer la vie, c'est comprendre que la vie nous aime, c'est nous ouvrir à un amour présent, inconditionnel au-delà de nous.

Ce que j'appelle amour, ici, c'est le mouvement qui consiste à donner plus que ce que l'on reçoit. Non pas pour recevoir plus, mais pour la simple joie de participer à ce mouvement vital ! Il en est ainsi au début de toute chose. Cela devrait toujours exister. Hélas, pour mille raisons, différentes de chacune à chacun, la route devient vite tortueuse et difficile. L'amour semble vite abdiquer dans de nombreuses histoires de vies. Cette exigence que nous portons en nous, entièrement, nous recherchons son essence et sa flamme tout au long des années, des rencontres, des événements. Aller vers l'amour, c'est tenter de revenir à cette source. Dans cette tentative, on se trompe souvent, car on est en demande fébrile et ce qui devrait s'offrir naturellement se cherche avec un effort, un volontarisme trop confus.

Plusieurs formes d'amour existent. Nous en avons exploré quelques-unes dans ce livre. Aux formes diverses, aux contours parfois indécis, souvent clairs et flous à la fois. Ces avatars de l'amour cherchent l'amour. Ce sont comme des vagues qui veulent retrouver la mer dont elles sont issues.

Un amour sans réserve

Dans l'« amour de la vie » (qui pourrait aussi s'appeler l'« amour de l'amour »), il y a comme la nécessité d'établir une inversion. En effet, on passe sa vie à chercher l'amour alors que c'est l'amour qui nous cherche. Il suffit d'apprendre à se laisser trouver. Bien sûr, le chemin proposé par ce livre est simple dans son énoncé : repérer les illusions de l'amour, construire l'amour de soi pour s'ouvrir à l'amour de l'autre. Et de là, découvrir l'amour des autres, porte à deux battants préfigurant l'amour de la vie. Il ne s'agit pas d'un escalier à gravir marche après marche. À chaque étape, le regard porté sur toute chose se doit d'effectuer un changement, voire un bouleversement. Lorsqu'on dit « je t'aime », on exprime un élan, une flèche lumineuse traçant son souffle vers le cœur offert de l'autre. L'amour de la vie implique d'accepter l'idée que ce n'est pas « je » qui dit « je t'aime » mais qu'un « je t'aime » se dit à travers lui.

Ainsi, l'amour est célébration de lui-même !

« Aimer » est un verbe de la même famille que « neiger », dit Christian Bobin. Oui, c'est cela : dire l'amour comme on dit « Il neige » et poursuivre par « Ça aime à travers moi » ! Voilà l'évidence ! Voilà comment les vies dansent ! Il y a dans cette forme d'amour la construction d'une confiance inébranlable dans la capacité que peut avoir la vie à construire sa puissance et son sillon. Il y a aussi une dimension inconditionnelle. La marque d'une réponse à nos questionnements les plus angoissés et les plus incertains.

« Je veux l'amour intact »

Chantal, 40 ans

« Je recherche dans l'amour un double de moi-même. Mais cela sans condition. Je veux l'amour intact. Il n'y a rien à combler, pas de projection, pas de désir.
La condition de l'amour vient de l'autre. Il n'y a pas de jugement, pas de réserve. »

Pas de réserve ! Voilà où se situe l'un des possibles pour affirmer l'amour de la vie.

Entrer sans réserve dans la rencontre.

Être sans demande, juste ouvrir et accepter ce qui transite en soi.

Recevoir.

Encore et encore.

Dans certains enseignements vocaux, on apprend à ne pas porter la voix ni la projeter. On se tient droit, on respecte son corps, on apprend à recevoir l'air, à s'en faire le réceptacle pour vibrer le plus possible. On y trouve la puissance, et la fatigue vocale n'est jamais présente. Il en est de même pour l'amour de la vie. Il s'agit d'apprendre à le recevoir sans avoir à le chercher. Cette pulsation est constamment à portée de la main !

Les regards de l'amour

Cette pulsation mérite attention. Une attention toute particulière à ce qui nous entoure. Non seulement les êtres que nous savons aimer, mais aussi et surtout tout le reste. Cela passe par le regard, aussi. Non pas un regard qui cherche à être intense, mais une intensité éclairant le regard de l'intérieur avec simplicité et sans attente.

Nous vivons une époque particulièrement délicate et difficile. Notre monde est en souffrance et, partout, guerres, crimes, misères, épidémies sont en recrudescence. Enfermés dans notre confort occidental, nous n'avons pas toujours conscience de l'état réel de notre planète. Même à l'aune de nos écrans télévisuels, il n'est pas aisé de savoir saisir l'ampleur du désastre. Après une demi-heure de regard posé sur le monde, on nous propose rapidement des images apaisantes et lénifiantes nous permettant d'oublier le feu et le sang.

Mon propos ici n'est pas celui d'un sociologue ou d'un historien, mais force est de constater que les réponses que nous donnons à l'univers ne vont pas dans le bon sens. Se tourner vers l'amour dans ce qu'il a de plus réparateur est ce que réclament beaucoup d'entre nous pour mettre fin à la gabegie. Mais au-delà des résolutions – aussi belles soient-elles –, il y a une mise en acte nécessaire et, j'ose le croire, salutaire. C'est chacun et chacune à son échelle personnelle qui doit mettre en œuvre une dimension active de l'amour. Tenter l'amour pour que le monde aille mieux ? Oui, de toute évidence ! Aimer peut être une façon de porter le poids du monde pour pouvoir l'alléger. Mais alors, de quel amour s'agit-il vraiment ?

Si nous osons regarder ceux qui nous entourent avec un point de vue plus empathique, plus serein, plus en accompagnement, moins en demande narcissique, quelque chose commence déjà à s'ouvrir. C'est de cela qu'il est question : exclure de l'amour tout ce qui lui est étranger pour le laisser advenir plus mature, plus enfantin aussi, plus encourageant. L'amour peut devenir un acte concret à partir du moment où il participe d'une décision consciente. Ce qui m'est certain, c'est que l'amour inscrit dans sa dimension universelle, inconditionnelle ne supporte pas la superficie, la périphérie. Il est centré, immédiatement en prise avec le centre de l'Être d'où il irradie sa puissance et sa fougue.

Apprendre à perdre l'idéal

Cette installation de l'amour au centre de soi oblige à se débarrasser de la notion d'amour idéal. Lorsqu'on enferme l'autre dans un rôle aussi intenable, on lui donne une place d'icône, d'idole. Cette recherche et cette demande sont vouées à l'échec. Il n'est pas étonnant que la peine et le regret soient constamment au rendez-vous d'amour trop absolu de l'autre. Cet idéal relationnel qu'il nous faut apprendre à perdre, c'est aussi l'abandon de la relation archaïque à la mère. Cette relation princeps dont nous gardons l'empreinte indélébile. Il est important de reconnaître qu'il y a une forte dépendance dans la relation mère-enfant. Dépasser celle-ci et acquérir l'autonomie est un travail à faire aussi bien par la mère que par l'enfant.

Dans une éducation psychoaffective structurante, une mère apprend à dire à son enfant : « Quitte-moi ! Trouve tous les moyens pour t'éloigner de moi et sache que je serai toujours là si tu en as le besoin. » Si on a appris, effectivement, à expérimenter cette juste distance, pourquoi viendrait-on demander à l'autre de recréer un espace sans possibilité d'éloignement, rassurant, sans perturbation et en fait tout à fait lénifiant ? L'autre ne doit pas être le garant de ce paradis illusoire. L'amour entre adultes doit être un amour égalitaire. L'amour permet l'impondérable. L'autre s'édifie à côté de soi et le respect de cette croissance fait partie de l'amour. En amour, on apprend à ne plus vouloir dévorer son partenaire. Ni à être dévoré par lui. C'est la vie qui devient la nourriture de base.

La miraculeuse réponse

Dans cette perte d'idéal, plus rien n'est figé, l'amour devient un mouvement perpétuel. Les mots de l'amour, mêmes semblables, sont sans cesse renouvelés. Dans son chef-d'œuvre *Belle du seigneur*[1], Albert Cohen passe en revue tous les registres de l'amour. Du plus sordide au plus sublime. Il pose aussi la condition qu'entrer dans l'amour c'est maintenir un état de suspens permanent dans lequel l'autre est découvert à l'infini comme il nous découvre nous-mêmes. Écoutons-le : « Sainte stupide litanie, chant merveilleux, joie des pauvres humains promis à la mort, sempiternel duo, immortel duo par la grâce duquel la terre est fécondée. Elle lui disait et redisait qu'elle l'aimait, et elle lui demandait, connaissant la miraculeuse réponse, lui demandait s'il l'aimait. Il lui disait et redisait qu'il l'aimait, et il lui demandait, connaissant la miraculeuse réponse, lui demandait si elle l'aimait. Ainsi l'amour en ses débuts. Monotone pour les autres, pour eux si intéressant.

« Infatigables en leur duo, ils s'annonçaient qu'ils s'aimaient, et leurs pauvres paroles les enthousiasmaient. Accolés, ils souriaient

1. Albert Cohen, *Belle du seigneur*, Gallimard, 1968.

ou à demi riaient de bonheur, s'entrebaisaient puis se détachaient pour s'annoncer la prodigieuse nouvelle, aussitôt scellée par le travail repris des lèvres et des langues en rageuse recherche. Lèvres et langues unies, langage de jeunesse. »

Ce qui est remarquable ici, c'est cette notion de « miraculeuse réponse ». Ce « je t'aime » à venir est sans surprise dans son énoncé verbal et porte en lui tout l'inattendu du monde dans ce qu'il produit comme sensation corporelle. Perdre cette notion invalidante d'idéal, c'est apprendre à quitter les espoirs magiques et trop enfantins, mais ce n'est pas perdre la poésie de la rencontre avec l'amour. Lorsque les amants d'Albert Cohen attendent ce qu'ils connaissent déjà, ils entrent dans la plus haute dimension de l'amour : être étonné constamment dans l'instant tout en le connaissant parfaitement. N'y voyez nulle fusion, mais plutôt un regard créatif posé sur l'autre et le monde. Une espérance jamais déçue dans la « miraculeuse réponse ». Nous sommes tellement habitués à ce que les hommes se répondent à partir de leurs forteresses par des invectives que le moindre mot d'amour paraît entaché d'intentions sournoises.

L'amour de la vie passe par une vigilance tenace quant à la validité de nos demandes. Cela ne signifie pas que nous n'avons pas à avoir de demandes ! Celles-ci ont à s'inscrire dans le cadre d'un contact réel fait de la compréhension de la différence de l'autre. Chaque personne est différente et chacun change au fur et à mesure qu'il avance dans la vie. Les émotions sont en mouvement. Demander à l'autre d'être notre idéal, c'est lui demander de rester figé dans la dictature de notre besoin. Lorsque nous comprenons qu'il est primordial d'évoluer avec ses propres modifications ainsi qu'avec celles des autres, alors nous connaissons le respect, qui est la base indéfectible de l'amour de la vie. Ce respect nous le portons envers nous-mêmes et envers ce qui nous entoure. Il devient respect du souffle vital que nous partageons toutes et tous. Là encore, c'est faire de l'espace pour qu'advienne la « miraculeuse réponse » !

Ce respect permet d'écouter l'autre dans ce qu'il dit de lui et de le recevoir, vraiment. On accède ainsi aux vraies demandes et on crée un autre type de rapport aux autres. On leur donne le droit de dire non, mais aussi on se donne le droit de construire des espaces relationnels poétiques, incongrus, étranges... tout cela en conscience ! On n'est plus dupe de ce qui se passe. Contrairement à ce que l'on pourrait penser, on n'en perd pas pour autant sa part d'émerveillement.

L'amour est féminin

« Les femmes sauveront le monde. Un monde sauvé est un monde suave. »

Olivier Bordaçarre *(Géométrie variable)*

Je voudrais soutenir l'idée que, dans ce voyage aux pays de l'amour, il est une contrée à la fois plus subtile et plus solide que les autres. C'est celle où tout est rond. Ce rond pays est celui où les courbes sont majestueuses comme un sein. Ce rond pays c'est celui où la douceur est la marque première de la rencontre avec l'autre. Ce rond pays est aussi l'endroit où l'autre est accepté parce qu'il tient du différent et du semblable à la fois. Cette contrée est féminine, n'en doutons pas.

Ce préambule doucement poétique pour indiquer une idée simple : jusqu'à présent, ce que nous connaissons de l'amour n'a vu le jour que sous des contrées patriarcales. Les résultats ne sont guère probants, comme nous en faisions le constat plus avant. Notre société occidentale s'est développée avec l'évidence que certains comportements étaient normaux et notamment le fait que le féminin était inférieur au masculin. Tout ce qui pouvait être lié à des attitudes dites féminines a été longtemps rabaissé au rang du faible. Que ces attitudes soient celles de femmes ou d'hommes. Peu importe, c'est le féminin qui est mineur. La virilité, la force, le courage, le conflit, la violence... partout le masculin a su imposer ses valeurs comme étant les premières.

Les registres de la séduction, les rythmes de la sexualité, les lois sociales liées à l'union du mariage, l'idée reçue que l'homme est fondamentalement agressif... tout cela concourt à une vision machiste du monde. Les quelques sociétés matriarcales connues nous ramènent au XIXe siècle, et mis à part les Trobriandais ou les Na, il n'en existe plus sur notre planète. Le masculin est souverain dans ses principes et dans ses applications. Notre philosophie occidentale est conduite et pensée depuis des siècles essentiellement par des hommes.

L'un des effets pervers de cette masculinisation à outrance est la vision romantique de l'amour. Lorsqu'on lit les grands écrivains romantiques (Hugo, Musset, Lamartine, Nerval ou Bertrand pour ne citer que les plus connus), on s'aperçoit à quel point l'idéal amoureux romantique est teinté de mort et d'une fascination suspecte envers la femme. Il y a dans le romantisme une idéalisation de l'amour (« La réduction de l'univers à un seul être, la dilatation d'un seul être jusqu'à Dieu, voilà l'amour », dit Victor Hugo dans *Les Misérables*) qui balaie les convenances mais entraîne une violence, qui va souvent jusqu'au viol tant la passion du désir est intense (« Elle était si belle, à demi vêtue et dans un état d'extrême passion, que Fabrice ne put résister à un mouvement presque involontaire. Aucune résistance ne fut opposée », écrit Stendhal dans *La Chartreuse de Parme*). C'est une violence constante des sentiments, une cruauté aboutissant aux crimes, aux suicides. Loin de moi l'idée de nier la qualité littéraire des œuvres romantiques. Ce que je veux souligner ici, c'est à quel point le modèle romantique reste encore agissant aujourd'hui et associe de manière inéluctable et presque naturelle, pour certains, l'amour et la souffrance. Il faut souffrir pour aimer, voilà le credo !

Même les attitudes antérieures au romantisme n'ont jamais porté un regard égalitaire sur les rapports hommes/femmes dans l'amour. Y compris dans l'amour courtois des troubadours. Gérard Apfeldorfer le résume avec précision[1] : « La gent féminine ne sort pas gagnante de ce jeu-là : tandis que la Dame des pensées est idéalisée, la femme de chair et de sang est au contraire rabaissée. Le clivage masculin tant décrié aujourd'hui entre la maman et la putain, entre la maîtresse et la mère des enfants, la femme qu'on aime par passion et celle avec qui on pratique le devoir conjugal, se superpose avec la vision de la femme dans l'amour courtois. » La femme s'est donc retrouvée clivée dans notre rapport occidental à l'amour. Ce clivage reproduit la double vision de la mère : la bonne et la mauvaise. La femme est soit outrageusement sexualisée, soit idéalement virginisée.

Ce déni du féminin n'est pas qu'un enfermement de la femme dans des images réductrices. Il s'agit aussi de décrédibiliser la poésie et tout ce qui propose une vision de la vie douce et tranquille. Face à la violence du monde, la seule réponse admise est une violence plus forte. De fait, toutes les tentatives de pacifier le

1. *Op. cit.*

monde et les rapports humains sont renvoyées au rang d'attitudes irresponsables. Cette volonté simple de venir à la paix et au respect de l'autre dans sa différence est de l'ordre du féminin. C'est le lieu du pays rond.

Une nécessaire réconciliation

Heureusement, la condition des femmes a évolué dans nos sociétés occidentales industrialisées. Certains comportements et certaines habitudes sociales bougent, et ce dans le sens d'une intégration plus prégnante de la femme dans le corpus social. Nous ne pouvons que saluer positivement ce progrès. Je crois même que les « jeunes générations » n'ont même plus idée de ce que fut la condition féminine ne serait-ce qu'il y a un siècle ! Ce qui bouge très peu, c'est la façon dont l'amour est conçu et la place qui lui est donnée. Nous sommes du côté de la performance, de l'obligation, de l'accentuation des divisions. Combien de livres sur ce qui différencie les hommes des femmes ! Combien de livres qui, en fait, ne cherchent pas vraiment à trouver le lieu de la rencontre, mais plutôt à accentuer les endroits où la trop grande différenciation empêche les retrouvailles.

Annie Leclerc dans *Hommes et femmes*[1] a su parler de cela. Elle dit, entre autres : « Quand l'exigence virile du chacun-pour-soi et du tout-pour-moi se fait plus aiguë, plus pressante, quand elle atteint les femmes sous le visage enjôleur de leur libération, promotion individuelle et affirmation de soi, comment ne pas fuir l'amour comme la peste ? »

1. *Op. cit.*

Pour qu'il soit source d'un changement radical dans notre façon d'envisager nos existences, l'amour de la vie nécessite une réconciliation. Certes, cette réconciliation se fait avec soi-même, mais au-delà de ce nécessaire travail, il faudrait une mutation suffisante dans nos rapports sociaux, conjugaux, amicaux... L'homme et la femme viennent du même pays et ils y participent par le partage de leurs vécus et de leurs sensibilités respectives. Ce pays s'appelle Éros. Car tel est le nom de la rondeur déjà évoquée. À l'intérieur de ces forces puissantes emmagasinées dans le désir et la foi (une foi profondément humaine et païenne) en l'autre, l'homme et la femme se rejoignent et forment un pacte où l'amour pose sa signature royale. Il s'agit de modifier les relations hommes/femmes en sortant de la toute-puissance de la consommation du désir pour permettre au monde dans son entièreté de changer et d'évoluer vers un amour de la vie réelle.

L'amour de la vie passe par cette redéfinition du rapport entre le masculin et le féminin et par la reconnaissance de ces deux entités en chacune et chacun de nous. Lorsque Sigmund Freud a posé la bisexualité fondamentale à tout être humain, c'est aussi sur ce chemin qu'il a commencé à poser les pieds. Lorsque Carl Gustav Jung a proposé les notions d'*animus* et d'*anima*, c'est de cela qu'il parlait. Que nous dit Carl Gustav Jung ? Que l'*anima* désigne l'image inconsciente de la femme et des femmes en général que tout homme porte en lui et que l'*animus* désigne l'image inconsciente de l'homme et des hommes en général que toute femme porte en elle. Ainsi, nous portons en nous, hommes comme femmes, des représentations actives de l'autre sexe. Nos perceptions de l'autre sexe sont activées par ces représentations inconscientes forgées par les identifications que nous faisons, principalement dans l'enfance, aux figures parentales et familiales. Tous ces idéaux qui nous portent vers l'autre sexe sont empreints de ces multiples images qui nous animent et nous conditionnent.

Lorsque nous faisons en nous l'équilibre entre d'un côté notre masculinité évidente et notre *anima* et de l'autre côté, notre féminité et notre *animus*, nous entrons dans une possibilité de nous débarrasser de ces images inconscientes.

L'homme apprend à contrôler sa sensibilité et son émotivité. Il apprend aussi à en faire des alliés. La femme apprend à gérer sa rationalité et son intellectualité pour développer sa créativité de manière totale. Mais au-delà de ces équilibres propices à des relations hommes/femmes équilibrées, Jung propose un processus ouvrant la voie à la reconnaissance d'une dynamique faisant appel à ce qu'il nomme l'« archétype lumière » (représenté entre autres par le Graal). Cet archétype est une représentation non religieuse du sacré. Ce qui me paraît important de noter ici, c'est qu'il est de nature fondamentalement féminine ! C'est de la rencontre avec l'« archétype lumière » que naît la possibilité d'accession au *soi*, porte de la réalisation de l'être humain.

Ainsi, si nous suivons la proposition de Jung, c'est lorsque nous équilibrons le féminin et le masculin en nous que nous pouvons franchir l'étape supérieure et accéder au Féminin. C'est à partir de l'énergie puisée dans ce Féminin que peuvent s'élancer les forces puissantes du changement. Qu'est-ce que cela signifie dans le concret de nos vies ? Tout simplement que la dimension du Féminin est celle où nous devons nous réunir hommes et femmes pour trouver ces nouveaux axes comportementaux et pouvoir mieux nous parler de l'un à l'autre. Il ne suffit pas de faire la liste des différences entre l'homme et la femme, mais plus encore de rechercher les moyens actifs et concrets pour féminiser nos relations. L'homme dans son parcours sur cette Terre a tout intérêt à attribuer plus d'importance à ce qui le fragilise qu'à ce qui lui donne de la force. C'est la reconnaissance de cette fragilité qui lui apportera sa véritable puissance.

L'amour est féminin. Cet amour-là manque en ce monde. Est-il donc si difficile d'envisager de mettre de la parole là où il n'y a que non-dit, d'écouter ce que l'autre a à dire de sa souffrance plutôt que d'armer les canons de la vengeance, de s'acharner à défaire les rets de l'oppression, est-il, enfin, si incongru de décider de faire le pari de l'amour ?

Le lâcher-prise

Le parcours et les efforts d'une vie devraient nous amener à affiner notre conception du bonheur et à pouvoir la vivre. L'amour ne devrait plus inclure en son sein le calcul, car dans la décision d'aimer, il y a la décision de se laisser aimer et de croire naïvement que nous pouvons l'être ! Outre le fait que chacun a sa propre vision de l'amour, il est aussi très difficile de classifier l'amour. Est-ce un sentiment, une émotion ou un état ? À vrai dire, c'est tout cela à la fois.

Dans le fait d'aimer la vie, il y a la nécessité quasi absolue de privilégier l'amour en tant qu'état. Un état est une façon de se laisser habiter par des registres émotionnels forts et de guider son raisonnement à partir de ceux-ci. L'état d'amour dépasse l'émotion et le sentiment qui sont, par essence même, fluctuants. L'état d'amour appelle à une permanence. Un fond solide, enraciné, qui incite à placer l'amour au sommet de la pyramide des besoins fondamentaux, pour soi et pour les autres. Pour atteindre cela, des deuils sont à faire et notamment le deuil d'une certaine toute-puissance. Nous ne sommes plus, à l'âge adulte, des enfants qui pensent que tout leur est dû et qui croient changer leur monde par des pleurs et des cris. Ce qu'il nous faut apprendre en tant qu'adultes, c'est notre responsabilité dans ce que nous sommes et ce qui nous arrive. Devenir en fait acteurs de notre propre vie. Dans ce deuil de la toute-puissance, on n'acquiert pas un regain d'humilité en échange, mais une part plus grande et plus active de participation aux flux du monde. On en devient très étrangement plus solide psychologiquement, car on sait reconnaître les besoins de l'autre et on accepte de recevoir ce que l'autre est apte à nous donner. Non pas ce que l'on voudrait à tout prix recevoir.

Le contraire de l'amour n'est pas le désamour, c'est l'attente de l'amour. L'amour ne se perd jamais. Il reste toujours en suspens, prêt à être saisi comme un fruit constamment mûr. Lorsque l'amour est une demande impossible faite à l'autre, il ne peut se réaliser. Il devient très vite un fardeau. Apprendre à demander le possible et l'imaginable permet d'ouvrir les portes du surprenant. Contrairement à ce que l'on peut penser, les demandes impossibles sont toujours des demandes préétablies. Inconsciemment certes, mais cela ne change rien à la réalité de la relation. Attendre de l'autre ce qu'il peut donner sans le prévoir est la marque d'un lâcher prise dans sa relation à la vie. Ce lâcher prise permet d'activer les relations dans une dimension bienveillante. Il inaugure l'idée d'une bonté naturelle qui n'est pas une lâcheté relationnelle, mais plutôt un combat contre nos tendances sociales à l'agressivité et au refus de l'altérité.

Dans son livre *Les mots sont des fenêtres*[1], Marshall B. Rosenberg cite les paroles de cette chanson de Ruth Bebermeyer :

« Jamais je ne me sens plus comblée
Que lorsque tu acceptes mon offrande,
Lorsque tu comprends ma joie de donner,
Lorsque tu sais que mon don n'attend rien en retour

---

1. Marshall B. Rosenberg, *Les mots sont des fenêtres*, La Découverte, 2002.

Mais naît de mon désir d'exprimer l'amour que j'ai pour toi.
Recevoir avec grâce
Est peut-être le plus beau don.
Je ne peux absolument pas dissocier l'un de l'autre.
Lorsque tu me donnes,
Je t'offre ma reconnaissance.
Lorsque tu acceptes mon offrande, je me sens si comblée. »

Ce texte illustre ce que peut être ce rapport particulier à l'autre et au monde déterminé par un lâcher prise et un état de non-attente.

Dans cet « état d'amour », le regard prend une importance toute particulière. Regard de soi sur la vie et regard de la vie sur soi. Il y a comme une profonde et sereine acceptation de la dimension englobante de ce regard. Englobante et tendre. Le regard concret change lui aussi. Les yeux sont comme décillés. Beaucoup de choses qu'on ne voyait pas apparaissent clairement. Celles et ceux qui sont rentrés dans ce concret de l'amour de la vie en parlent souvent. Ils décrivent une plus grande clarté de ce qui les entoure. Une plus grande facilité à voir. Un univers périphérique visuel plus ouvert.

Je ne suis pas, en ce moment, en train de parler d'illumination ou de recherche mystique. C'est bien là qu'est le problème. Toutes ces notions qui se traduisent par des sensations concrètes sont si facilement rangées sous l'étiquette « mysticisme » ou « spiritualité » qu'il est bon de revenir à leur essence réelle. Il s'agit bien d'une affirmation de l'incarnation et non pas d'une tentative supplémentaire d'envol dans l'éther.

Vers un art d'aimer la vie ?

Dans ce voyage si étrange, parfois, que nous faisons aux pays de l'amour, nous pouvons avoir besoin d'une boussole. Celle-ci devrait nous permettre de pouvoir nous guider au sein de labyrinthes où nous risquons de perdre beaucoup d'énergie. Il n'est pas si simple que cela d'aimer la vie. Tout autour de nous peut nous amener à délaisser ce qui nous construit pour échafauder ce qui nous détruit et lui donner crédit. Aimer la vie est un concept qui doit amener un sentiment d'amplitude et de libération. Ce sont les étapes de cette libération dont il est question maintenant.

La transformation personnelle

Lorsqu'on a appris à s'aimer soi pour accepter l'autre, le travail n'est pas terminé. Il est urgent alors d'envisager une transformation de ce que l'on est. Nous sommes handicapés par des messages reçus depuis l'enfance, et ces messages ont souvent pour but de nous réduire au seul désir de nos parents. Même si ce désir est bienveillant, il n'est pas intrinsèquement le nôtre. Construire son propre désir, c'est accepter de se transformer en étant au plus proche de soi-même. Le travail psychothérapeutique aide à cette compréhension et amène à la découverte de son propre système de valeurs. Celui-ci, même s'il reprend des axes parentaux, car il ne s'agit pas obligatoirement de jeter radicalement ce qui vient des parents, doit s'accorder à soi-même et pouvoir être mouvant. Nous nous métamorphosons, nous sommes en mouvement perpétuel et l'écoute de ce mouvement crée la possibilité d'accepter ce qui demande à être changé en soi.

« Il est important de faire le point sur ce que l'on a transformé en soi »

Andrée, 54 ans

« Je viens de terminer ma psychothérapie. Oh, je sais, on dit que ce n'est jamais fini. Néanmoins, à l'âge qui est le mien, il est important de faire le point sur ce que l'on a transformé en soi. Et voyez-vous, le plus étonnant, c'est la joie de pouvoir parler à mes parents ! Ils sont âgés et nous avons de longues années de difficultés relationnelles derrière nous, mais enfin nous nous parlons d'adultes à adultes. Et cela me fait du bien ! J'ose même croire que cela leur fait du bien à eux aussi ! »

Mesurer ce qui est bon pour soi et savoir le valider fait partie de cette transformation. Il est tout aussi important de mettre cette attention personnelle au service de sa relation avec les autres et la vie, et de vérifier que la réalité n'est rien d'autre que notre réalité. Nous recevons le monde au travers de notre subjectivité. Plus celle-ci sera juste et centrée au plus profond de nous-mêmes et plus nous pourrons influencer positivement ce que nous avons coutume d'appeler le réel. Cela revient à se situer dans une dimension très active de la vie et à utiliser la pensée en corrélation continuelle avec l'agir.

L'inscription dans le présent

C'est en étant dans le présent que nous pouvons avancer en paix au cœur de nous-mêmes. Un travail de croissance personnelle qui a du sens est celui qui nous donne la possibilité de repérer ce qui nous met en souffrance dans notre passé personnel. Mais arrive un moment où il nous faut choisir et nous déterminer quant à la réitération de vieux schémas dont nous connaissons parfaitement les conséquences désastreuses. Nos peurs notamment trouvent leurs origines dans ce passé et le combat que nous menons contre elles est dans le présent. Affirmer ce combat, se munir d'armes efficaces, voici le chemin pour sortir des ornières relationnelles et historiques qui nous musèlent.

L'amour est souvent ce que nous désirons, mais il nous paraît inatteignable parce que nos routes de réalisation sont bloquées par nos peurs. À mesure que nous mettons en place des exercices et des résolutions pour nous libérer, nous devrions nous rendre compte que l'amour ne nous a jamais quittés. Il est éternellement présent en nous. Comme en attente. S'inscrire dans le présent est ni plus ni moins que le fait de saisir ce qui a toujours été là et qui était masqué par des scories psychiques et comportementales. S'inscrire dans le présent, c'est aussi construire une réalité palpable et tangible qui ne soit plus polluée par les aléas du passé. Pour cela, il est nécessaire de rester éveillés à soi et de guetter tous ces moments furtifs où nous nous rejouons un scénario, parfois légèrement dépressif, qui nous entraîne sur un versant peu dynamique de nous-mêmes. S'affirmer dans le présent, c'est enfin mettre de côté deux registres de sentiments qui n'en finissent pas d'handicaper nos fonctionnements relationnels occidentaux : l'attachement aveugle et la culpabilité.

L'abandon de l'attachement et de la culpabilité

« Je suis trop attaché à mon travail ! » dit Benoît. « Je suis trop attachée à ma mère ! » dit Gladys Nous savons reconnaître nos attachements et nous savons déterminer à quel point ils entachent notre liberté, parce que nous confondons le lien et l'attachement. Être en lien avec quelqu'un ou quelque chose (une idée, un pays...), c'est se donner la possibilité de prendre des distances avec lui. Notion qui n'est pas présente dans l'attachement. La plupart du temps, lorsque nous aimons, nous demandons à l'amour de répondre à un manque alors qu'il devrait venir satisfaire un besoin. C'est de cela qu'il s'agit dans l'abandon de l'attachement : oser faire des demandes précises sans attente d'une réponse préétablie. Dire son besoin et ne pas le lier à un manque. Dès lors, nous restons en lien sans être attaché. C'est ce mécanisme qui nous permet également de donner tranquillement sans attendre un retour obligatoire.

La culpabilité accompagne l'attachement, car nous nous sentons redevables à l'autre. En étant attaché à lui, nous l'attachons à nous et lorsque nous osons avouer ce qui est bénéfique pour nous, nous avons peur de blesser. Le ressenti de la blessure appartient à l'autre. Il est utile de le laisser libre dans son ressenti sans tenter de lui imposer un cadre qui nous appartient et qui n'est pas forcément le sien. Ainsi, quitter l'attachement et la culpabilité, c'est ouvrir la possibilité de se dire et que l'autre se dise en dehors des chemins déjà connus. C'est aussi mettre du risque dans la relation en acceptant qu'elle ne soit pas conforme à nos attentes.

Il en va de notre capacité à aimer la vie que d'accepter cela.

L'entrée dans le non-jugement

> **« Je juge et je peste »**
>
> *Aurélie, 37 ans*
>
> **« Je suis toujours en colère et cela m'épuise. Je sais d'où ça vient : le besoin de juger tout le temps. Les autres, moi-même, le monde... Je juge et je peste. Mais je n'agis pas ! »**

De nombreuses personnes ont l'habitude de juger les autres et le monde. L'erreur est de confondre jugement et implication. Ce n'est pas parce que je vais juger une action néfaste pour la planète que je vais changer les choses. Mon jugement n'a qu'une valeur informative sur mon état d'être. Il n'a pas valeur d'action. Toutes ces colères exprimées au coin d'une table, au comptoir d'un bistrot ne servent qu'à alimenter un état général de haine et de désarroi. Elles sont issues de ce besoin de juger qui ne fait que séparer les choses en deux : le bon et le mauvais côté.

L'implication est autre chose. Il s'agit d'un engagement dans le faire qui est déterminé par une conviction qui ne s'inscrit pas obligatoirement contre ce que l'on veut modifier. Cet engagement trouve sa source dans une construction de pensée et des sentiments qui se sont édifiés à partir de nécessités intérieures positives. Ce qui laisse entendre que si l'on veut modifier la réalité, il faut savoir pourquoi et en comprendre les raisons d'abord à l'intérieur de soi.

Le non-jugement n'est pas le manque d'avis ou la passivité, c'est le refus de perdre son énergie dans un système manichéen. L'amour, lorsqu'il devient une force d'engagement et d'agir, ne juge pas. Il se dit, se coordonne, s'affirme, « s'expand » et trouve son axe là où il peut prendre sa respiration la plus étendue. Aimer la vie n'est pas juger le comportement des autres et leur donner des leçons quant au bien-fondé de ses valeurs. C'est simplement inscrire en soi son courage et avancer dans ses propres certitudes avec une intentionnalité puisée dans la volonté de participer activement au monde qui nous entoure.

La politique de l'amour

Lorsqu'on inscrit en soi cet « état d'amour » et que l'on modifie de fait son rapport à l'environnement, il ne peut pas ne pas y avoir de conséquences. L'amour qui émane de soi est perceptible et crée des réactions qui, parfois, sont de rejet. Ce que j'appelle ici « politique de l'amour », c'est ce mouvement qui de l'un à l'autre modifie la réalité et lui donne une tonalité différente. Cet « état d'amour » partagé détermine une façon d'être qui est politique dans le sens où elle propose et affirme une transformation de la réalité. Le politique est ce qui donne les moyens de cette transformation. L'amour est ce moyen tout en étant le but de la transformation et la transformation elle-même.

L'amour n'est pas un produit de consommation, il est un état d'être. L'amour de la vie implique la recherche de l'équité et la reconnaissance de l'autre comme entité autonome et active. L'amour de la vie implique également le fait d'accréditer la présence de l'inattendu, du risque, de la beauté et de la poésie présents à tous les étages de la vie et aussi importants que le travail ou l'organisation économique. L'amour de la vie n'est pas un supplément d'âme. Il s'agit d'une manière d'appréhender le monde dans l'abandon de la peur et la libération de ce qui fait entrave à un plus-être qui n'est pas du mieux-être, mais bien une revendication de vie. D'autre part, l'amour de la vie indique la compassion et l'attention quant aux misères du monde qui ne sont pas jugées comme des fatalités, mais plutôt comme un cercle infernal qui doit être brisé par des attitudes concrètes. L'amour de la vie confirme l'humain au centre du monde, il n'a ni dogme ni frontière. Il est libertaire et tranquille à la fois. Il est un « dérangement agréable » et citoyen au cœur même du village planétaire.

À partir de ces considérations, force est de constater que l'application de la décision d'aimer n'est pas sans poser des actes qui, en modifiant le réel, s'inscrivent du côté d'une politique active de l'amour. Cet engagement dans l'amour s'inscrit du côté de la décision, de la volonté. Si on y réfléchit bien, les changements positifs apportés à notre civilisation au cours des siècles sont dus à des actes de création similaires, selon moi, à des actes d'amour. Le massacre de la Saint-Barthélemy ressemble à d'autres crimes plus contemporains. D'un acte de barbarie à un autre, nous ne trouvons que ressemblance funeste et un sur-place consternant dans la possibilité d'une évolution humaine. Il n'y a là aucune source de progrès. En revanche, les fulgurances créatrices de Giordano Bruno, de Galilée, de Newton et, plus proches de nous, celles de Max Planck, Albert Einstein ou Stephen Hawking peuvent être mises en liaison avec Léonard de Vinci, Rembrandt, Chopin, Arthur Rimbaud ou Georges Perec. Ces fulgurances aident l'humanité à avancer dans une compréhension ardente et positive d'elle-même. Dans le cas de la Saint-Barthélemy et de ses avatars historiques, la pulsion de mort prédomine. Dans l'autre cas, c'est Éros (et sa faculté de mobiliser l'acte créateur) qui mène le bal.

La décision d'aimer la vie répond à cette dimension pleine de l'acte créateur. On part de rien, on interroge, on se laisse trouver par l'énergie ambiante et on se relie à soi et au monde pour créer et dire qu'une transformation du réel est possible.

La décision d'aimer

L'histoire de Marie-Laure

Marie-Laure est ostéopathe. Elle a besoin d'avoir un corps en bonne santé pour effectuer son travail. En général, la moindre gène physique est source d'angoisse. Il lui faut être solide pour réparer les défaillances de ses patients. Un jour, elle s'endort au volant de sa voiture et se réveille à l'hôpital. Un terrible accident la prive de l'usage de l'une de ses mains et un de ses genoux est dans un état catastrophique. Les médecins lui annoncent une claudication, sans aucun doute définitive ! C'est une nouvelle inconcevable. Tout son univers s'écroule en peu de temps. Les questions que se pose Marie-Laure tournent autour du même thème : comment continuer ? Comment dépasser cela ? Et surtout, comment se reconstruire et trouver en soi la force de faire mentir les diagnostics ?

Elle en est là lorsque je la rencontre. Ce que souhaite Marie-Laure, c'est que je l'accompagne dans un parcours qu'elle a déjà défini : retrouver son autonomie physique et reprendre son métier d'ostéopathe. Marie-Laure est une jeune femme de 35 ans. C'est quelqu'un d'enthousiaste qui connaît ses priorités et les affirme volontiers. À aucun moment elle ne met en doute le fait d'arriver à son but. Elle reste consciente qu'elle doit s'inscrire contre un avis médical général peu rassurant pour elle. Au cours des séances, je vois Marie-Laure se battre avec elle-même et petit à petit comprendre qu'elle a confondu volontarisme et décision consciente. « Qu'est-ce que je cherche à prouver en entamant ce chemin ? » finit-elle par se demander. Marie-Laure se rend compte qu'elle se bat, mais elle ne sait plus trop vraiment contre qui. L'avis des médecins ? Elle-même ? La fatalité ? Ce combat, elle le mène avec obstination, se posant sans cesse des questions, se levant la nuit pour noter des rêves, des pensées. Elle entreprend une introspection profonde qui l'amène à se poser la question de la valeur de son accident. « Je ne l'ai pas eu par hasard » s'exclame-t-elle ! « Il est venu pour que je comprenne quelque chose de mon fonctionnement ! Mais quoi ? »

Et puis, la nuit suivant cette interrogation, elle fait ce rêve : « Je suis au volant de ma voiture. J'ai déjà eu l'accident puisque ma main est plâtrée et que mon genou ne répond pas à mes sollicitations. Mais je conduis quand même. Je me retrouve sur une route où il y a plein d'auto-stoppeurs. Je les distingue mal. Il y a, semble-t-il, des hommes, des femmes et aussi des enfants. Et puis, soudain, je reconnais l'un des auto-stoppeurs, je m'aperçois qu'il s'agit d'Henri, l'un de mes amants. En y prêtant attention, je vois que les personnes qui sont sur le bord de la route sont les personnages importants de ma vie. Ma mère, mon père et, surtout, les hommes qui ont partagé, même peu de temps, ma vie. Je décide de m'arrêter, mais je ne peux pas. Je m'aperçois que ce n'est pas moi qui conduit, mais une force plus grande que moi. Je commence à ressentir une immense panique et une question angoissante se pose à moi : où est-ce que je vais ? » Marie-Laure est bouleversée lorsqu'elle raconte ce rêve. Très vite, elle l'interprète comme une métaphore de sa vie.

« Je passe à côté des gens sans les voir ! » conclue-t-elle. De lien en lien, Marie-Laure en arrive à se dire que c'est à côté de sa vie qu'elle est passée. À force de vouloir tout saisir, tout contrôler, elle en a perdu la vigilance de la relation. Elle se dit que son accident est le reflet de l'absence de contacts véritables dans sa vie et que ce qu'elle doit en apprendre, c'est que ce n'est pas par hasard que tout cela l'a immobilisée. « Je me suis inconsciemment obligée à réfléchir », dit-elle. Très vite, son challenge contre l'avis des médecins devient secondaire. Ce qui lui paraît important, c'est de comprendre le sens de ce qui la tenait en vie autrefois et, surtout, de saisir ce qu'elle doit changer pour trouver une relation aux autres plus stable et plus enrichissante. « J'ai envie de changer, car si je continue comme cela, même guérie, je vais recommencer le même schéma funeste ! »

Alors Marie-Laure repense sa vie. Elle se remémore son père, tout-puissant ostéopathe reconnu, et se demande si elle n'a pas essayé de lui ressembler en faisant le même métier que lui. Elle revoit des épisodes de son enfance avec sa mère. Elle discerne une femme soumise et calme qui ne lui a apporté que peu de tendresse. Elle se dit qu'elle n'a pas pu s'identifier à sa mère, ressentant très vite celle-ci comme une femme peu intéressante. Elle comprend qu'elle a saisi, même très petite fille, le fait que ses parents ne s'aimaient pas. « Ou d'un amour qui ne me fascinait pas », ajoute-t-elle. Elle fait des jonctions entre la manière dont elle a construit sa vie amoureuse et l'image du couple parental. « Finalement, je suis une femme froide comme ma mère et une ostéopathe brillante et déterminée comme mon père. Je reproduis l'image que j'ai d'eux dans mes comportements ! »

Au-delà des considérations liées à ce que Marie-Laure porte en elle de l'énergie parentale, elle en arrive très vite à se poser la question de l'amour dans sa vie. Quelle place a-t-elle laissée pour l'amour ? « Aucune, répond-elle. Je me suis niée sur ce terrain-là. J'ai oublié que je pouvais aimer pour privilégier les études, le travail, le développement de mon cabinet. Je pensais aimer les autres et je m'aperçois en analysant un peu plus que je les ai finalement utilisés. Ils étaient partie prenante de mon univers, mais sans autonomie. Comme des personnages d'une grande pièce dont j'étais le metteur en scène omnipotent. Comment faire pour changer tout cela ? »

Marie-Laure décide, à partir de cela, d'agir différemment dans sa vie. Elle prend la résolution d'écouter davantage les autres, de mettre de l'attention dans sa façon d'être avec les autres. Elle ne fait pas table rase de ce qui la constitue, elle prend un autre axe pour être avec elle-même. Elle devient plus calme, plus tempérée. « C'est étrange, dit-elle, mais je ne m'emporte plus aussi facilement qu'avant. J'étais soupe au lait, maintenant j'évalue, je compare. »

Et puis, un autre rêve fait irruption. « Je suis dans une grande maison, raconte-t-elle, et je prépare un repas. Cette maison est emplie de lumière vive. Je prépare ce repas avec beaucoup de joie. J'installe le couvert sur une table très grande. Je mets beaucoup d'assiettes et de couverts. Ensuite, je m'habille avec une grande robe rouge et noire. Je dois préciser que je ne mets jamais de robe dans la vie de tous les jours !

« Je m'installe dans un fauteuil et j'attends. Je sais que les convives vont arriver et que le moment partagé sera inoubliable. Je sais aussi que je ne connais aucune des personnes qui vont venir et que ce n'est pas grave du tout. Je sais enfin que cette maison ne ressemble à aucune de celles que je connais dans la réalité. J'attends. Je suis heureuse. »

Marie-Laure, suite à ce rêve, cherche une robe similaire à celle de son rêve. Elle la trouve un jour, par hasard, en faisant son marché. « L'essayer fut un moment de rare bonheur, dit-elle. Je me suis dit qu'elle représentait la nouvelle femme que j'étais et que j'allais réaliser ce rêve. Je ne sais pas comment, mais je me laisse porter et j'ai confiance. »

Un jour, Marie-Laure arrive et dit, d'une voix solide : « J'ai décidé d'aimer ! » Que veut-elle dire par là ? En fait, ce qui est intéressant, c'est la manière dont Marie-Laure a mis en acte cette assertion. Outre le fait que son travail sur elle-même lui a permis de faire un bilan sur sa vie, sa décision d'aimer est liée à un nouveau besoin, apparu en elle de manière spontanée. Elle ne peut pas faire autrement, car l'impérieuse nécessité qu'elle a laissée apparaître en elle lui permet de se positionner autrement dans sa vie.

Dans le rêve de la maison, on peut interpréter celle-ci comme une projection d'elle-même, de son intérieur. Celui-ci est lumineux et l'image qu'elle a d'elle-même est celle de quelqu'un qui attend les autres, tous les autres, avec gourmandise et désir. Sa décision, symboliquement, est représentée par son attente dans le fauteuil. Il s'agit d'une décision tranquille qui n'est plus le volontarisme dont elle faisait preuve au début de cette narration. Marie-Laure a pu mettre cela en acte d'abord à l'intérieur d'elle-même. Plus qu'une mise en acte, on peut parler d'une mise en disponibilité. Ce qu'elle ne cesse de souligner, c'est le changement d'état en elle. Elle ressent les choses autrement.

Ce qui reste frappant, c'est la façon dont Marie-Laure traduit ce ressenti. Elle parle d'une « nouvelle vigilance », d'une nouvelle façon de penser son rapport à l'entourage et de combien ce ressenti entraîne en elle un épanouissement nouveau. Pourtant, rien n'est arrivé de spectaculaire dans les semaines qui suivent cette décision. Le monde est le même, elle reste extérieurement la même, mais une révolution intérieure est en marche dont les bénéfices ne vont pas tarder à se faire jour.

Peu de temps après cette déclaration énoncée presque comme un « doux défi », Marie-Laure ressent son corps bouger et exprimer des sensations un peu nouvelles pour elle. « Je suis beaucoup plus sensible et surtout, j'ai l'impression que le travail que je fais en kinésithérapie énergétique commence à porter ses fruits. Il ne s'est rien passé au début et voici que ma main bouge mieux et que je commence à plier le genou ! C'est extraordinaire ! Dès que j'ai changé ma façon de vouloir réaliser mes objectifs, ceux-ci commencent à prendre forme ! Je crois qu'il me faut apprendre à me dire merci à moi-même pour le bien que j'accepte de me faire ! Je n'en suis pas à remercier l'accident d'avoir eu lieu, mais pas loin, quand même… »

Que devient Marie-Laure, ensuite ? Heureusement que cette histoire est vraie, sinon elle tiendrait du miracle ! Marie-Laure finit par réparer son corps petit à petit, oh, sur une longue période de un an et demi, mais elle retrouve quasiment toutes les fonctions motrices et articulaires de sa main et de son genou. Elle reprend son métier d'ostéopathe, y ajoute une compétence en acupuncture et se retrouve enceinte quelque temps après tout cela !

Que nous apprend Marie-Laure ? Tout d'abord qu'une décision n'est pas un vœu pieu, et qu'il ne s'agit pas d'une méthode du type de celle créée par le docteur Coué où il suffit de s'autoconvaincre pour que les choses arrivent ! La décision dont il est question ici est un engagement de l'être issu d'une compréhension de soi et d'un désir fort et impérieux de changement. La décision d'aimer, en l'occurrence, est une décision de changer. La décision d'aimer de Marie-Laure, qui est exemplaire bien entendu, est une mise en confiance dans ses possibilités de rencontres et d'évolution. Cette mise en conscience entraînant un autre regard et d'autres sensations.

Dans son parcours, Marie-Laure en vient à se connecter à elle-même et à différencier ce qui est bon pour elle sur le moment de ce qui l'entrave dans son rapport au passé. En interprétant le passé, elle se dégage de l'emprise inconsciente qu'il a sur elle et, de fait, se sentant plus libre, elle s'ouvre la possibilité d'une autre organisation de sa vie. Lorsque Marie-Laure commence son introspection, elle est mue par un ultimatum : il faut que je retrouve l'usage plein et entier de ma main et de mon genou ! C'est en se délestant de la charge trop lourde de cet ultimatum qu'elle acquiert une légèreté et une acuité qui lui permettent, finalement, de coïncider avec ses désirs liminaires.

Lorsque je dis que Marie-Laure est exemplaire, c'est parce qu'elle nous aide à comprendre un processus que nous portons toutes et tous à l'intérieur de nous : les solutions sont présentes en nous dès le début de nos questionnements les plus profonds. De la même manière, l'amour est déjà présent en nous avant même que nous considérions le fait de l'y trouver.

*L'amour avant l'amour ou la force de l'*agapè

La lumière zodiacale est celle qui précède les lueurs de l'aube. L'amour est cette lumière zodiacale. Il est inscrit en nous avant même notre arrivée au monde. Comme un berceau promis, il est prêt à nous accueillir et à nous aider à affirmer notre incarnation. Lorsque nous décidons d'aimer, nous faisons un parcours en amont de nous-mêmes pour nous situer dans cette énergie de vie qui nous alimente en pulsation.

Cet amour d'avant l'amour rejoint la notion grecque d'*agapè* qui est proche d'éros mais représente l'accueil, l'amitié, l'amour des autres et de la vie. L'*agapè* est le flux vital, indispensable à notre maintien dans l'être. L'*agapè* dont je parle est une énergie psychique, physique et spirituelle qui crée la vie et la maintient. Il nous est difficile d'accéder d'emblée à cette connaissance de l'*agapè*, car nous sommes continuellement mobilisés par des forces instinctives qui nous dépassent et qui nous poussent à des actes qui nous semblent indispensables à notre survie ou à la satisfaction de nos besoins. Celles-ci nous aveuglent et nous forcent à leur obéir.

Agapè est l'une de ces pulsions, mais il ne s'origine pas essentiellement dans l'instinct. Il est au-delà de cela. *Agapè* a plus plusieurs étages. Le premier étage, que nous expérimentons tous, est celui qui crée l'envie et qui nous fait penser que nous sommes encore des animaux. Le deuxième étage est celui qui nous amène à la rencontre de l'autre et au partage. Le troisième étage est celui qui nous fait comprendre combien nous pouvons participer, dans l'amour, aux flux vitaux qui nous entourent. C'est de cet étage qu'il est question ici. C'est à partir de lui que la décision d'aimer la vie se prend et s'affirme. C'est à partir de lui que l'amour vit et renaît sans cesse. C'est aussi à ce stade que la dimension d'aimer est une dimension sublime et artistique de l'être. L'énergie contenue dans l'*agapè* ne répond à aucune règle. Elle est son propre Dieu, son propre maître.

La notion d'« amour avant l'amour » donne l'idée que nous sommes attendus avant notre naissance. Attendus par l'amour de la vie qui s'offre à nous sans réserve et sans demande. Le petit enfant le sait qui saisit cela sans prévoir et qui en rit et s'en délecte. L'organisation morale (le surmoi psychanalytique) réorganise cela et parfois le détruit. Ainsi, pour aimer est-il bon de sortir des convenances et des conforts lénifiants. « L'amour est ce qui se rit de la bienséance, de la sagesse, de la raison et du confort », souligne Annie Leclerc[1]. En ce sens, l'amour est proche de l'acte de création.

L'amour de la vie est une création

Zao Wou-Ki est un peintre d'origine chinoise installé en Occident. Maître contemporain de l'abstraction, il peint des toiles immenses où le flux de la vie est comme projeté au milieu de couleurs vives, fortes, sorte de maelström faisant penser au cœur du magma d'un volcan en éruption continuelle. Lorsque vous contemplez une toile de Zao Wou-Ki, vous êtes comme happé et bouleversé par un jaillissement de couleurs et vous avez l'impression que le tableau est vivant et qu'il se crée sous vos yeux. Vous y devinez des arbres, des tempêtes, des ruines, des visages célestes, des chemins qui se perdent dans les nuages. Zao Wou-Ki est un peintre magicien qui nous fait directement ressentir ce qu'est cette source à partir de laquelle l'amour de la vie s'offre sans compter.

Parler de ce peintre ici a un sens. Il est la représentation parfaite du processus de création propre à la peinture et qui peut nous servir de modèle dans la vie de tous les jours. Que nous apprennent les œuvres de Zao Wou-Ki ? Tout d'abord que l'art n'est pas une reproduction de la nature et que celui-ci ne singe pas le réel, mais plutôt le transforme continuellement. La force de Zao Wou-Ki est de rendre visible ce qui, *a priori*, reste souterrain la plupart du temps. Il donne figure aux forces telluriques inscrites en chacun de nous. Il nous fait voir clairement nos bouillonnements intérieurs.

---

1. *Op. cit.*

Faire l'expérience de la connexion avec les forces vives de l'amour ressemble à un tableau de ce maître. Plus encore, le processus de création que l'on devine en mouvement est celui-là même qui s'installe en soi. Une œuvre d'art naît d'une décision et d'une mise en résonance volontaire de l'artiste avec les forces invisibles qui l'entourent. Le processus de création est une rencontre entre un désir volontaire et des circulations impalpables. Entrer dans la décision d'aimer, c'est se donner la possibilité d'être créateur continuel d'une œuvre d'art qui serait sa propre vie. De fait, des éléments comme la joie, la surprise, l'émerveillement, mais aussi la recherche, le tâtonnement, l'erreur sont associés ensemble dans une démarche de vie fructueuse.

Aimer dans cette direction est la voie royale qui permet de faire de sa propre vie une œuvre d'art. Le pari est palpitant, car il installe l'amour comme moteur unique du fait d'exister. Il s'agit d'un acte de création qui donne l'espoir d'un changement possible du monde. Ce que l'on peut remarquer lorsqu'on côtoie un créateur, c'est qu'il situe toujours son geste artistique du côté de la sincérité. Quels que soient son outil de création et la façon dont il l'utilise, la recherche de la sincérité est une composante essentielle de son travail. Dans ce rapport entre l'acte créateur et la décision d'aimer, c'est cette correspondance qui nous interpelle, car elle place l'amour du côté d'une authenticité. C'est un choix de vie et de comportement qui oblige à ne plus faire semblant et à accepter d'être au plus proche de ses sentiments d'amour et bien sûr, d'accepter de les incarner.

Dans une époque où il est de bon ton de tout cacher de ses sentiments, l'amour de la vie tel que nous le décrivons ici vient déranger. Il crée une perturbation salutaire qui nous amène à nous appréhender, nous autres les humains, de façon différente. Ce choix de vivre au cœur de l'énergie de l'amour installe l'individu dans une dimension qui transcende le quotidien. Sortir du quotidien, c'est s'extraire de la répétition programmée des gestes et des sentiments. C'est se donner la possibilité de ressentir des états surprenants et inimaginables. La vie prend une dimension magique immédiate et l'extase s'inscrit dans la matière.

La vie est une mythologie

On peut dire que ce mouvement de l'être vers l'incarnation de l'amour crée une mythologie. Ce que j'appelle ici mythologie, c'est la sensation réelle pour tout un chacun de rentrer dans une perspective de vie plus haute et plus colorée. C'est sortir de l'ennui pour envisager de resplendissantes journées où même le rapport à soi dans la solitude reste une source de découvertes.

Une dimension de vie mythologique se caractérise par le fait que chaque événement devient porteur de sens et que la symbolique est présente dans les comportements. On sort sa vie de l'anecdotique pour la placer dans une exemplarité riche pour soi-même et les autres. C'est comme la construction d'une morale faite de valeurs nouvelles. Bien sûr, on quitte la périphérie des choses pour se glisser dans le centre d'où rayonnent toutes ses potentialités.

L'amour de la vie est une transformation

Lorsque tous ces éléments quittent la sphère des idées pour devenir des actes tangibles, ils créent une transformation. C'est cette transformation qu'a pu expérimenter Ida.

« J'ai l'impression d'être habitée par un immense pouvoir »

Ida, 43 ans

« C'est terrible de voir à quel point, avant, je demandais toujours aux autres de me combler. Je guettais dans chaque regard et chaque phrase des signes d'approbation qui me permettaient de croire que j'étais aimée plus que tout et par tout le monde. Le jour où j'ai lâché enfin cette recherche de l'autre comme pansement psychique, j'ai pu respirer. J'ai cessé de demander quoi que ce soit aux autres pour apprendre à être d'abord exigeante avec moi-même. Mon entourage a mis du temps à accepter ce changement, et puis mes proches ont commencé à changer, à s'adapter. Je me suis rendu compte que le travail que je faisais sur moi entraînait des modifications en dehors de moi. Comme si j'étais partie prenante d'un système global et qu'en changeant une des pièces, c'est-à-dire moi, le reste se mettait aussi à changer.
J'ai commencé à savoir sélectionner ce qui était bon pour moi et puis j'ai commencé, tout simplement, à aimer le fait de vivre.
Avant, je ne vivais pas tant que les autres ne m'en donnaient pas l'autorisation. Maintenant, je n'ai pas d'autorisation à attendre. Je vis, c'est tout ! Et, en soi, c'est merveilleux !
J'ai l'impression d'être habitée par un immense pouvoir... »

Le pouvoir dont parle Ida, c'est sa capacité à transformer les choses. Ce pouvoir donne une puissance illimitée et féconde. Il permet une juste réconciliation avec soi-même et éloigne de son champ relationnel les relations toxiques. Ida n'a plus besoin d'attendre la permission de vivre au travers de l'assentiment des autres. Elle s'« autovalide » être humain désirant à part entière !

S'accepter, c'est accepter la différence de l'autre et lui donner la possibilité d'entrevoir que cette différence est un luxe relationnel indispensable à l'amour. Dans ce mouvement décisionnel, on se rend compatible avec le monde. Il ne s'agit pas de l'accepter dans ses dimensions mortifères et de dire qu'il est obligatoirement « tout gentil et tout beau ». La compatibilité se fait, au contraire, avec la partie active du monde qui lutte et qui se détermine du côté pacifique des choses. C'est un engagement, nous l'avons déjà souligné. C'est aussi un choix mature et courageux. Ce choix implique une autre forme de conscience.

L'amour de la vie est un état modifié de la conscience

Des approches thérapeutiques contemporaines, comme l'hypnose ericksonienne ou la sophrologie, ont mis en avant de façon pratique et performante l'importance d'un état particulier de la conscience qui est comme une transe. Cette transe qui ne ressemble ni à la possession moyenâgeuse ni à celle des pratiques rituelles vaudou, est un état naturel que nous rencontrons sous des formes diverses tout au long d'une journée. C'est parfois une rêverie ou une légère contemplation.

Daniel Maurer, dans un article publié par la revue *Connivences*[1], dit ceci : « La réalité à laquelle se réfère l'Occidental ne peut guère

1. Revue interne de la Fédération internationale de sophrologie analytique.

se mesurer à celle des Shuar, un peuple d'Indiens Jivaro de la forêt amazonienne. Pour eux, la réalité ordinaire est mensongère, la vraie réalité se trouve ailleurs, là où évoluent les *arutam*, les âmes des ancêtres, là où règne l'esprit du Grand Tout. Cet esprit s'adresse à eux dans leurs rêves et dans les états modifiés de conscience que leur procurent les plantes qu'il a mises à leur disposition. Grâce à elles, parfois avec l'intercession du chaman, ils parviennent à décrypter le sens profond de la vraie réalité, sans crainte de laisser libre cours à leurs émotions. Alors que, le plus souvent, dans nos sociétés civilisées, on se préoccupe du rapport à la réalité, donc des états de conscience, dans le seul but d'en maintenir la neutralité et d'en dissimuler le contenu affectif. De la sorte, beaucoup de nos contemporains n'entendent plus l'appel de l'esprit du Grand Tout, ne distinguent plus cette réalité autre dont la connaissance éviterait de développer quelques-unes de ces pathologies désignées comme des maladies de la civilisation. »

Ce qui nous intéresse à la lecture de ces quelques lignes, c'est de voir à quel point notre société a besoin de reconnaître ce qui est de l'ordre de l'attitude normale afin de discriminer ce qui ne l'est pas. L'idée que je soutiens ici est que l'amour est un état modifié de la conscience. Cet état qui est considéré comme proche de celui dans lequel nous sommes lorsque nous rêvons est celui dans lequel notre cerveau semble être le plus créatif et le plus performant.

Lorsque nous nous présentons face au monde, riches de l'état d'amour, nous modifions notre état de lucidité et nous nous connectons à une conscience qui n'est plus la conscience ordinaire. Nous comprenons que la modification profonde qui nous amène à aimer la vie est non seulement source d'actes, mais aussi source de restructuration cérébrale profonde. Notre cerveau apprend à privilégier un état, qui jusqu'alors était accessoire, pour lui faire prendre le devant de la scène de manière plus permanente. Cet état est celui de la concentration et de la création. Lorsqu'on écrit un poème ou lorsqu'on peint, c'est lui que nous expérimentons. Mais également, au moment où nous sommes en présence d'une personne aimée...

Il existe bel et bien un état cérébral de l'amour. Certains neurophysiologistes parlent d'état alpha en faisant allusion aux émissions particulières d'ondes cérébrales d'une fréquence se situant entre 7 à 14 Hz. Il ne s'agit donc pas d'une vue de l'esprit, mais bien d'une réalité neurophysiologique.

Pourtant, cet état est indéfinissable et chaque personne qui a pu le vivre a du mal à trouver des mots exacts. Des termes comme agréabilité et tranquillité reviennent le plus souvent. Il en va comme de l'amour ! Chacun l'expérimente et peu arrivent à le décrire ! Dans l'amour de la vie, cet état se découvre, se retrouve, il nous immerge dans une corrélation à notre environnement où nous devenons plus disponibles.

L'amour de la vie est une disponibilité

Être disponible, c'est être prêt à accueillir. Accueillir ce qui vient à nous sous différentes formes et, surtout, accueillir la diversité des propositions. Accueillir ne signifie pas faire obligatoirement nôtre tout ce qui se présente, cela signifie au contraire apprécier sans jugement, puis faire de la place pour ce qui nous aide à grandir avec les autres et avec le monde. Il y a donc un choix dans l'accueil, un choix conscient. Cette notion d'accueil, pour qu'elle soit dynamique, laisse entendre une capacité à ne pas s'installer dans des postulats de base enfermants. Alors, nous restons en accord avec notre aptitude à être surpris par la vie.

Dans cette disponibilité, nous apprenons que finalement les séparations, qui font la base même de la vie de la plupart de nos contemporains, sont inutiles et surtout inefficaces. Soi et l'autre, l'homme et la femme, le beau et le laid, le vieux et le jeune, la vie et la mort... la liste est longue des dualités enfermantes qui nous empêchent d'être vraiment disponibles à la vie et d'en faire une expérience heureuse. Nous introjectons ces dualités et les faisons nôtres. Nous devenons clivés, cherchant à repérer en nous ces démarcations franches qui ne cessent de se contester.

Nous interprétons le monde comme une éternelle opposition. Cela arrange bien notre organisation sociale ultralibérale qui a besoin de cette division en nous pour nous entraîner vers des désirs préfabriqués et formatés. Lorsqu'on quitte ce dualisme par trop bridant, un espace neuf prend forme sous nos mains. Une participation consciente et disponible au monde. Un amour qui, dans ses formes les plus abouties, vient nous dire que l'on ne peut devenir soi-même qu'en aimant et que cette transformation nous fait nous épanouir par et pour l'autre.

L'effervescence occidentale nous fait regarder droit devant nous, transperçant notre semblable comme s'il était invisible. L'amour de la vie, lui, nous amène à regarder l'autre au niveau du cœur, là où nous espérons pouvoir prendre place. Comparé à ce dérèglement fébrile, l'amour prend valeur de dissidence et de libération.

Mais de quelle libération s'agit-il ? Il s'agit, déjà, de ne plus être enfermé dans des lectures de nos émotions qui ne nous appartiennent pas. Il s'agit aussi d'apprendre à trouver cette beauté qui méduse et qui est présente à chaque instant, auprès de nous, dans les événements les plus anodins comme dans les manifestations les plus spectaculaires. Une beauté qui méduse est une beauté qui laisse coi. C'est aussi une beauté qui sidère et nous obsède bien après sa prime vision. S'installer dans cette énergie, c'est participer à l'amour de la vie. C'est accepter de remplir son espace intérieur d'images surprenantes et parfois inutiles, mais toujours bouleversantes.

L'amour propose une libération qui nous éloigne des prisons mentales et des idées toutes faites. Cette libération est une forme de retrouvailles avec ce qui nous habille le mieux : la saveur simple de la beauté.

Conclusion

Notre Terre existe depuis 4,5 milliards d'années. L'humanité semble vivre depuis 1,4 million d'années et ce que nous appelons les civilisations humaines sont en place depuis environ 10 000 ans, mais nous n'avons toujours pas pu mettre la question de l'amour au centre de nos préoccupations.

Nous pouvons penser que rien n'a vraiment commencé et que l'évolution de l'homme et, par conséquent, la matérialisation de l'amour sont à venir. Nous pouvons aussi nous dire que tout est fini et que nous arrivons au déclin naturel d'une espèce qui n'a pas su vivre comme elle aurait pu le faire et qui n'a su que s'autodétruire en détruisant son environnement et les membres de la communauté la composant.

La caractéristique d'un amour qui se décide est qu'il se veut agissant dès maintenant. Que nous n'ayons pas su faire de cette terre un paradis ou qu'il soit trop tard ne change rien. La décision d'aimer, quant à elle, crée un maintenant universel. Ce maintenant fixe les bases d'un agir qui a besoin d'un essor immédiat, sans se poser de questions.

Nous avons l'habitude de « faire l'amour », peut-être faut-il à présent, en aimant, « faire la vie ». Le besoin de « faire la vie » maintenant initie un désir sans frontières. Le besoin de « faire la vie » maintenant donne les clés pour inventer des nécessités et les traduire dans une authenticité immédiate.

Ainsi, l'amour n'est plus une question posée en dehors des autres. L'amour devient acte quotidien et force d'intervention sur le réel.

Ainsi, aussi, nous pouvons vivre notre vie en n'ayant qu'un seul désir : la revivre encore et encore. Semblable. Similaire. Non pas parce que parfaite, mais parce qu'aimante et décidée.

Bibliographie

Daniel Abadie, Martine Contensou, *Zao Wou-Ki*, Ars Mundi, 1989.

Abélard et Héloïse, *Correspondance*, 10/18, 1992.

Alain, *Propos sur le bonheur*, Gallimard, 1928.

Antoine Alaméda, *Les 7 péchés familiaux*, Odile Jacob, 1998.

Gérard Apfeldorfer, *Les Relations durables*, Odile Jacob, 2003.

Catherine Bensaid, Jean-Yves Leloup, *Qui aime quand je t'aime ?*, Albin Michel, 2005.

Emmanuelle Bitton, *La Lumière comme lien de l'univers*
Dans le commentaire du *Banquet* de Platon, *De l'amour*, de Marsile Ficin.

Mémoire de maîtrise de philosophie médiévale/La Sorbonne Paris IV 2002/2003.

Christian Bobin, *Autoportrait au radiateur*, Gallimard, 1997.

Olivier Bordaçarre, *Géométrie variable*, Fayard, 2006.

Albert Cohen, *Belle du seigneur*, Gallimard, 1968.

Georges Colleuil, *La Fonction thérapeutique des symboles*, Arkhana vox, 2005.

Antonio Damasio, *L'Erreur de Descartes*, Odile Jacob, 2001.

Alain Delourme, *La Distance intime*, Desclée de Brouwer, 1997.

Sandor Ferenczi, *Thalassa, psychanalyse des origines de la vie sexuelle*, Payot, 1992.

Sigmund Freud, *Le Malaise dans la culture*, PUF, 2004.

Robert Graves, *Les Mythes grecs*, Tomes 1 et 2, Fayard, 1967.

Marie-France Hirigoyen, *Femmes sous emprise, les ressorts de la violence dans le couple*, Oh ! Éditions, 2005.

Victor Hugo, *Notre-Dame de Paris*, Garnier-Flammarion, 1995.

Annie Leclerc, *Hommes et femmes*, Grasset, 1985.

Abraham Maslow, *L'Accomplissement de soi*, Eyrolles, 2003.

Edgar MORIN, *Amour, poésie, sagesse*, Le Seuil, 1997.

OVIDE, *L'Art d'aimer*, Gallimard, 1974.

Willy PASINI, « La Clinique du couple » *in Désir, couple, dépression*, sous la direction de Philippe Brenot, L'esprit du temps, 2001.

Pascal QUIGNARD, *Vie secrète*, Gallimard, 1998.

Arthur RIMBAUD, *Les Illuminations*, Livre de poche, 1984.

Carl R. ROGERS, *Le Développement de la personne*, InterEditions, 2005.

Miguel ROJO SIERRA, *Introduction à la lecture de C. G. Jung*, Georg Éditeur, 1988.

Marshall B. ROSENBERG, *Les mots sont des fenêtres*, La Découverte, 2002.

Jacques SALOMÉ, *Tous les matins de l'amour...*, Albin Michel, 1997.

William SHAKESPEARE, *Roméo et Juliette*, Folio, 1985.

Martine TEILLAC, *S'aimer pour aimer les autres*, First Éditions, 2005.

Lucy VINCENT, *Petits arrangements avec l'amour*, Odile Jacob, 2005.

Remerciements

L'auteur tient tout particulièrement à remercier Marie-Gabrielle Héril et Lina Chapuzet qui ont accepté de relire ce livre au cours de son élaboration et d'y apporter des critiques éminemment constructives.

Merci également à celles et ceux qui se sont prêtés au jeu de l'interview.

Et bien sûr, une reconnaissance particulière à mes patientes et patients qui depuis plus de quinze ans cheminent vers une plus grande connaissance d'eux-mêmes avec pugnacité et enthousiasme.

Table des matières

Du même auteur

Éditions Flammarion
Savez-vous être heureux au quotidien ? (avec Catherine Maillard), 2004.

Éditions Bernet-Danilo
La Pensée positive, 1999.
La Sophrologie analytique, 1998.
La Sexothérapie, 1997.
Dictionnaire des fantasmes érotiques, 1996.
Les Thérapies familiales, 1995.

Le Courrier du Livre
Journal d'un sexologue : ce que veulent les femmes (préface de Catherine Bensaid), 2003.

Presses de Valmy
Les anges naissent le mardi, 2002.

Librairie-Galerie Racine (poésie)
Je lave mes os dans ton fleuve
Soumission à l'énigme

Cet ouvrage a été imprimé par la
SOCIÉTÉ NOUVELLE FIRMIN-DIDOT
Mesnil-sur-l'Estrée
pour le compte des Éditions Flammarion
en février 2007

Composition et mise en page

NORD COMPO
multimédia

Imprimé en France
Dépôt légal : mars 2007
N° d'édition : L.01EPMNFT1448N001 – N° d'impression : 83983